新釈 猫の妙術

武道哲学が教える「人生の達人」への道

佚斎樗山

高橋 有＝訳・解説

草思社文庫

前書き

時代劇などを見ていると、武士は腹が座っていて勇敢で、平然と斬り合いをしていたように思いがちです。

ただ、実際には違っていました。特に江戸も中期に入った頃の武士は。関ケ原の合戦を最後に戦《いくさ》らしい戦もなく（九州では島原の乱がありましたが）、戦場の様子などは、長老たちの言い伝えに聞くぐらいで想像の世界です。たまには決闘や主君からの特殊任務（上意討ち）、ちょっとしたいざこざなどで、斬り合いをした人間もいたでしょうが、そんなのはほんの一部。ほとんどの武士にとっては、縁のない話でした。

そういう状況の続く中、武士は斬り合うのが怖くなった。もちろん、もっと前から斬り合いなんて怖いに決まってますが、平和が続く中、本当に切実に怖くなった。極端に言えば、現代の私たちと変わらないくらいに、怖くなったのではないでしょうか。

そんな中、登場したのが『猫の妙術』。

斬り合いの場にいかに立つのか、その心の持ち方について書かれた剣術書です。この書は、設定こそ「鼠捕りの名人である古猫が他の猫と一人の剣術家に教えを説く」というかわいらしいものですが、内容は極めて深淵かつ壮大。

あの山岡鉄舟をはじめ、今に至るまで多くの武術家を魅了し、愛読されてきました（『剣と禅』大森曹玄・著、参照）。

本書では、この『猫の妙術』を、よりわかりやすい形でエッセンスが伝わるよう、登場人物の背景やセリフなどを補い「新釈」してみました。

この「新釈」という形にしたのには、理由があります。

『猫の妙術』は、一読しただけで理解するには難しい書なのです。本書で書かれていることのフィーリングを理解するには、補助線としてどうしても、武術的な知識や体験、儒教・老荘思想・禅などの思想的な知識が必要になります。

それを「新釈」によって、つかみやすくしようというのが本書の狙いです。より深く理解したいという読者のためには、最後にガイドもつけてあります。


勝ちたい。負けたくない。生き残りたい。死にたくない。

こうした悩みは、江戸の武士ならぬ我々も、生活の各場面で直面する共通の悩みでしょう。『猫の妙術』の教えは、そこに究極的とも言える答えを提示しています。

それは果たしてどんなものなのか？

それでは『猫の妙術』の世界をご堪能ください。

新釈　猫の妙術◉目次

新釈『猫の妙術』

第一章　猫、大鼠の退治に臨む

『猫の妙術』解説

新釈『猫の妙術』

静かな夜である。

暗くなった路地には、近くの川の水音がかすかに聞こえてくるくらいである。左右に材木問屋や米問屋の蔵が立ち並び、足元は月明かりだけが頼りであった。

その路地を一人の若い侍が歩いている。

夕刻に剣術道場の師からある屋敷に用事を頼まれたのだが、用を済ませ早々に帰ろうとしたところ夕餉《ゆうげ》を勧められ、夜分の帰路となった。行きはまだ賑わいを残していた路地だが、すでに人の気配はない。

月が雲に隠れ、辺りが一層薄暗くなる。

すると、それを見計らったかのように、蔵の角から一人の男がふらりと現れた。

男は路地の真ん中に立った。だらしなく着崩した着物の腰には刀が見える。

道を塞《ふさ》がれた格好になった若い侍は、

「なんぞ用であろうか」

そう男に声をかけた。だが返事はない。

不審に思って暗がりに目を凝《こ》らすと、男は口元に笑みを浮かべていた。

若い侍は、ふと、この界隈に現れるという辻斬りの噂を思い出した。

男は腰に差した刀をすらりと抜いた。月明かりに照らされた刀が怪しく光る。

「貴様、辻斬りか！」

男から距離を取った若い侍はそう言い放ち、自分も刀を抜いた。

辻斬りなどという不逞《ふてい》の輩《やから》は、世のため人のためにも成敗しなければならぬ
——頭ではそう思っても、若い侍の身体は否応無しに強《こわ》ばった。

道場では日々稽古《けいこ》に励んできたその侍も、真剣で立ち合うのはこれが初めてであったからだ。

刀を正面に構える。

辻斬りは刀を右手にぶら下げたままだ。

刹那《せつな》、目の前の辻斬りが一足飛びに間合いを詰め、逆袈裟に斬り上げてきた。

路地に澄んだ音が響き渡る。

虚をつかれた若い侍だったが、辻斬りの一撃をなんとか刀で受けた。相手の

太刀筋を見切ったわけではない。わけもわからぬうちに、偶然そうなったに過ぎない。

若い侍が声をあげて、真一文字に刀を薙《な》ぐ。型も何もない、なりふりかまわぬ様である。

辻斬りはいとも容易《たやす》くそれを躱《かわ》す。

若い侍は踏鞴《たたら》を踏んで崩れた体勢を立て直し、再び正面に構えた。道場では、もっと気の利いた構え方も習ったはずだが、何一つ思い出せない。心の臓が早鐘のように打ち、冷たい汗が背中を這《は》うのがわかった。いつの間にか息は上がり、膝《ひざ》も震えている。

辻斬りは、右手に刀をぶら下げたまま、笑みをたたえた陰険な目で若い侍を見据えている。あきらかにこの斬り合いを楽しんでいる様子だ。

辻斬りがじりじりと間合いを詰め始める。

ここで死ぬのだろうか。若い侍は大声をあげて逃げ出したいような気持ちになった。

その時、辻斬りが不意にその視線を外して背後を気にし始めた。

誰かが駆けてくる足音が聞こえる。

次第に足音は近くなり、角から一人の男が現れた。

雲に隠れていた月が、再び路地裏を照らす。

男は精悍《せいかん》な顔立ちの侍である。なんの偶然か、それは同門の兄弟子であった。

「只ならぬ声を聞き、来てみれば、おぬしか。これは一体何事か」

「こ、この男、件《くだん》の辻斬りです！」

兄弟子は、その一言ですべてを察すると、若い侍のもとに走り寄り、

「下がっておれ」

と言って、刀を抜いて辻斬りと相対した。

若い侍は兄弟子に任せて、脇へ退《の》くと、腰が抜けたようになって立っているのがやっとになった。

兄弟子が刀を正面に構える。一方の辻斬りは先ほどとは打って変わって笑みを潜ませ、兄弟子を睨《にら》み据えながら刀を後ろに引き、脇に構えをとった。

刀を構える兄弟子は、無駄に動くこともなく、落ち着いた様子でただ剣先を相手の喉元の高さにつけている。

辻斬りは、それに対して、うまく掛かれないのか、間合いを詰めたり離したりを繰り返す。

何かに耐えられなくなったのか、辻斬りが突如袈裟に斬りかかった。

兄弟子はそれをわずかな動きで躱《かわ》すと、腕を斬りつけた。

その一刀だけで勝負はついたのだった。


二人の侍は辻斬りを捕らえると番所へ突き出した。役人に事の次第を話して番所を出る頃には丑《うし》三つ時を越えていた。

「それにしても、助かりました。改めて礼を言わせてください」

「礼には及ばん。大事に至らなくて何よりだった」

若い侍は、いまだに立ち合いの最中の震えが身に残っているかのように感じていた。そして、思わず尋ねた。

「真剣で斬り合うことが、恐ろしくはないのですか?」

「恐くないといえば嘘になる。ただ……」

そこで言葉を止め、月を見上げた。

しびれを切らして、若い侍が「ただ?」と、先をうながす。

「うむ。ただ、真剣で立ち合う際には、我を忘れると言おうか。いや、忘れているわけではないな。恐い自分が確かにいるのだから。……いや、すまぬ。私にもよくわからん」

「そういうものですか」

「なんとなくそんな気がしただけだ。本当の達人であれば余す処《ところ》なく語れるのであろう。いつかそんな達人に出会ったら、剣の道を説いてもらいたいものだ」

二人はそれきり互いに語らず、それぞれの家路に別れたのであった。

第一章　猫、大鼠の退治に臨む

勝軒、剣の道に惑う

勝軒《しょうけん》という剣術者あり。太平の世に移り、武士が戦《いくさ》で刀を振るうことはなくなったが、剣の道を極めんとする心意気はある。

江戸には、数も知れぬほどの剣術者がいる。食い詰め者の浪人、藩の剣術指南の役に就く者、一廉《ひとかど》の流派を担う者、はたまた、旅にさすらい修行に励む者。

勝軒は、そのどれでもなかった。それなりに名の知られた流派で免許皆伝を許されたが、仕官するでも道場を構えるでもなく、只一人、剣とは何ぞや、何を以て奥義《おうぎ》たるやと、常々、悩み考えていた。

その生活はと言えば、江戸の町外れに屋敷を構えて、武家の次男坊、三男坊に剣の手ほどきをしたり、酔狂な商家の若旦那に武芸の真似事を教えたりすることで、なんとか生計を立てていた。

腕前も、決して捨てたものではない。

才のあるやなしやを問えば、あるとされるだろう。だが、達人と呼ばれるには及ばず、かといって凡庸ではない、といったところであった。勝軒自身、己が腕前を、中の上、もしくは、上の下だと思っていた。

時折、己が力量を測らんとどこぞの道場に出向き、道場破りのようなこともする。勝つこともあれば負けることもある。しかし、いずれの場合も「これこそ我が剣だ」という確信を得ることができない。

また、幾度かは世に達人と認められる剣士に「剣の奥義とは何ぞや」と直截《ちょくせつ》に教えを乞い、その言葉に耳を傾けたこともある。

元来、勝軒は、性情実直にして勤勉で、どこか幼子《おさなご》のような短絡さもある。それ故、その時は素晴らしい教えを得たと思うのだが、しばらくすると、それが腹に落ちていないことに気づく。

こんなことで剣の道を極めることができるのか――そんな思いに駆られることもしばしばである。

だが、道を進まんとしても、どこに向かって歩けばよいのか、自分はどの道にいるのか、そもそも、道の上に立っているかも判然としない。何かをせねばならないのに、何を学び、そのために何を行うのが正しいのかわからない。

まるで、山の頂に向かう途上、深い霧に包まれ身動きが取れないような惑《まど》いを抱えたまま、日々を過ごしていた。

大鼠、現る

ある日のこと。勝軒が乞われて出向いた朝稽古を終え、出先から戻って屋敷の門をくぐると、

「おや、お戻りでございますか。旦那様」

と、いつも通り出迎えの声がした。声のしたほうを見やるが、そこに人の姿はない。いるのは一匹の白猫である。

この男には、珍妙なる才があった。

猫の言葉がわかるのである。

犬や鳥の言葉はわからぬが、なぜか猫の言っていることだけはわかる。

時折、道端で猫と話し込むことがあるのだが、傍《はた》から見れば、猫に向かってぶつぶつと話しているようにしか見えない。近所の者は「またあのお侍様は猫と話している」と笑い、陰では「猫のお侍様」と呼ぶようになっていた。

「うむ。拙者が居ぬ間に変わりはなかったか」

勝軒が白猫に問う。

「はい。特にこれといっては」

白猫は、四、五年前、怪我をして屋敷に迷い込んできた。不憫《ふびん》に思った勝軒が手当てしてやったのだが、それ以来、この屋敷に居ついており、家を空ける時は留守番役を任せている。

「拙者は座敷におる。誰か訪ねて参ったら声をかけてくれ」

「承知いたしました」

白猫は、恭《うやうや》しく頭を下げた。勝軒は三和土《たたき》で草鞋《わらじ》を脱ぎ、庭に面した座敷へと向かった。

座敷の障子を開ける。すると、部屋の隅に何かがいる。

どこぞの野良猫だろうか。勝軒に向けられた背の毛色は、茶色がかった灰色で、白猫と同じくらいの体躯《たいく》である。「特にこれといっては」などと聞いて呆れる。白猫が気づかぬ間に入り込んだのか。

「これ、お前はどこぞの猫だ」

勝軒は苦々しく声をかけ、部屋に足を踏み入れた。

と、それはくるりと勝軒に頭を向けた。

「やや。これは何じゃ？」

勝軒が驚き、声をあげたのも無理はない。

それは猫ほどの大きさの鼠《ねずみ》であった。

鼬《いたち》や狸かとも思ったが鼠に相違ない。あまりの大きさに、勝軒はもう一度

「お前は何じゃ」と言った。鼠は答える代わりに、一声、甲高く鳴くと牙を剝《む》いて見せた。

「ええい。出ていかんか、しっ、しっ」

勝軒が手を振り、歩み寄ろうとすると、鼠は部屋の中を駆け回った。

勝軒が追えば、鼠は部屋の隅からもう一方の隅へ逃げる。捕まえようと手を伸ばせば、高く飛び上がって梁《はり》の上に逃げる。鼠は畳を荒らして部屋の四方八方を逃げ続けた。

とうとう勝軒も音を上げ、いったん鼠を残して縁側へ出て、部屋を立て切った。

その騒ぎを聞きつけたのか、白猫が庭先に現れた。

「旦那様、一体何事です？」

「おお。良いところに来た。この部屋に鼠が出たのじゃ。それもただの鼠ではない。おぬしと変わらぬほどの大きさの鼠じゃ。それが部屋の畳と言わず梁と言わず走り回るのじゃ」

「落ち着きくだされ、旦那様。鼠が出たほどのことで取り乱すとは、武士の名が泣きますぞ。それにそのような時のために私がいるのではないですか」

「うむ、そうか。そうじゃな」

　勝軒は大きく息を吐き、動転した気を収めた。

「ここは私にお任せあれ。さ、障子を開けてくださいませ。すぐに召し捕らえて参ります」

「では、任せるとしよう」

「鼠が逃げぬよう、私が部屋に入ったらすぐに部屋を立て切ってくださいませ」

「よかろう。では、参るぞ」

　そう言って、勝軒は障子を開け、猫が部屋に入るとぴしゃりと閉めた。

　ややあって部屋の中から、すぐさま鼠の金切り声と猫の悲鳴が響いた。

　勝軒がわずかに障子を開け、中の様子を覗《のぞ》き見ると、大鼠は白猫の顔に飛びかかり食いついている。白猫はもんどりうって鼠を引き剝《は》がし、「旦那様、開けてくだされ、旦那様」と、情けない声をあげて、障子にすがりついた。

　勝軒がすぐさま開けてやると、白猫は転がるように部屋から飛び出し、そのまま庭の奥へと逃げ去ってしまう有様であった。

「旦那様。とてもではありませんが、私にあの鼠は捕らえられそうにありませんん」

戻って来た白猫はそう言って頭《こうべ》を垂れた。鼻先にできた傷が痛々しい。

「よもや猫に飛びかかり、このような手傷まで負わせる鼠がいようとは。これはどうしたものか」

勝軒が思案にくれていると、おずおずと白猫が口を開いた。

「向こう隣に飼われている黒猫に頼んではいかがでしょう。この界隈で鼠捕りの技に優れた猫として評判でもありますし」

「ふむ。あの猫の話なら聞き及んでおる。よし、行って助力を頼んでみるか」

機に応ずる「技」あらば仕損じることなし

勝軒は白猫に留守を預けて、早速、向こう隣の家に足を向けた。

門の前まで来ると、庭先の木の上から、

「おや、お侍さん。ここの家に用とは珍しいね」

勝軒が見上げると件《くだん》の猫がいた。しなやかな躰《からだ》に長い尾。ぴんと張った髭と吊り上がったまなじりで優男《やさおとこ》といった風情の黒猫である。

「おお。ちょうどおぬしに用があったのじゃ」

用向きを話すと、黒猫は鼻を鳴らして、

「ふーん。なっちゃいないねえ、あんたのところの猫は。まあいいさ。ここのところ小物ばかり相手にしてたから、ちょっとは骨のある鼠を相手にしたいと思っていたところだ。引き受けてやろうじゃないか」

と、木の上からひとっ飛びに勝軒の足元に下りてきた。その身のこなしはとても素早く、勝軒は一瞬、黒猫の姿を見失ったほどであった。勝軒は、この者に任せれば大丈夫だろうと、喜び勇んで家に戻った。

「さ、障子を開けてくんなさい。欠伸《あくび》している間に捕って来てみせますよ」

黒猫は、掌《てのひら》をひと舐めして、勝軒を振り仰いだ。

勝軒は頷《うなず》くと、障子に手を掛けた。

「相手はおぬしに劣らぬ大きさなのに、動きも素早い。それに猫を恐れず飛びかかって来るので、気をつけてな」

それを聞いて、黒猫は何を今更と言わんばかりだった。

「どんなに素早くったって、あっしの動きに追いつけやしませんよ。それに、あっしは鼠捕りのあらゆる技を身につけてきたんでさ。お侍さんだってそうだろう。ただ、刀を振るだけじゃ敵には勝てない。どれだけの技を身につけ、機を見てどの技を使うかが勝負を決めるってもんでさあ」

勝軒は、なるほど、と内心思った。機に応じ、最も適した技を出す。それは刀を持った相手と向き合う時も同じだ。

そう考えると、黒猫が鼠にどう立ち向かうか、俄然《がぜん》興味が湧いた。

「ほら、ぐずぐずしてたら日が暮れちまいますよ。開けてくんなさい」

「では、頼んだぞ」

勝軒が障子を開けると、黒猫はするりと部屋に入った。

黒猫、「技」を披露す

黒猫の技を見ようと、勝軒は障子の隙間からその一部始終を見届けることにした。大鼠は先ほどと同じく、部屋の隅にいた。

「なるほど、こいつぁ大物だ」

黒猫の様子は獲物を前に楽しげにすら見える。その声には些《いささ》かの焦りもない。対峙する大鼠は再び現れた猫を睨《にら》みつけ、短く威嚇するような声をあげた。

「こういうヤツにゃ、この手で行こうか」

黒猫はそう言うと、迫ってきた大鼠を中心に円を描くように、ゆっくりと周《まわ》り始めた。大鼠は、その動きを目で追いながら鋭い牙を剝《む》いている。その刹那、緩から急へ、黒猫が一足飛びに大鼠に飛びかかった。それは虚をついた動きで、勝軒も黒猫が大鼠を捕らえたと確信した。

だが、悲鳴をあげたのは黒猫だった。

いつの間にか黒猫の横っ面に大鼠が食らいついている。

黒猫はなんとか鼠をふりほどき、再び間合いをとった。大鼠が再び威嚇するように鳴く。

「ちくしょう。ならばこの手で。びっくりするなよ、この野郎」

そう言った黒猫は、今度は身を低く伏せつつにじり寄っていく。どうやら先ほどとは別の技らしい。

しかし、大鼠はそれを意に介さず、まっすぐに飛びついて猫の鼻先に嚙みついた。思わず悲鳴をあげた黒猫は、大鼠をなんとか引き剝がすと飛び退《の》いた。

「こんなはずじゃ。なら」

そんな黒猫の言葉も終わらぬうちに、大鼠が再び飛びかかる。黒猫が慌てて躱《かわ》すが、その躱す動きに合わせて、大鼠はひたすら食らいついていく。

勝軒の見たところ、黒猫は持てる限りの技を駆使せんとしているが、そのたびに先手をとられ、まったく調子をつかめぬ様子。

結局、大鼠に散々に嚙みつかれた末、いよいよ黒猫も音を上げ、部屋の外に転がり出たのであった。

豪壮の「気」を以て臨めば負けることなし

黒猫の技が見事なものだったことは間違いない。勝軒の目には、いずれもそこらの猫では及ばぬほど練られた技と見受けられた。身のこなし、駆け引きの妙、仕掛けるに絶好の機の見極め。それでも勝てぬのだから、よほどの猫でなければ太刀打ちはできまい。

だが、黒猫よりも達者な鼠捕りの名人――いや、名猫はいるものか。優男《やさおとこ》の面影もないほど手酷《てひど》くやられた黒猫を手当てしてやりながら、勝軒が思案していると、

「あいつを捕らえられるとしたら、あそこの虎猫しかいないかもな」

呻《うめ》くように黒猫がこぼした。

「それは、どんな猫じゃ？　おぬしよりも鼠捕りに秀でておるのか？」

「あっしなんざ、その虎猫の足元にも及ばねえさ。なんせあの虎猫にかかったら、どんな鼠もひと睨みで竦《すく》み、一声でその場に伏せる。そして、虎猫は悠々と鼠に歩み寄り、たったの一噛みで捕らえてしまうんでさ」

「なんと。そのような剛の者がおるのか。それはぜひ、助力を願いたいぞ」

勝軒は虎猫の居所を聞き、早速訪ねることにした。

その家は、米屋であった。米のあるところ鼠あり。安泰に商いをするには鼠捕りが達者な猫は欠かせない。店の小僧に訊《き》くと、虎猫のお陰で米が食い荒らされることはないという。

店の主人に用向きを伝えると、それならばと、猫を貸すことを許してくれた。

虎猫は、米蔵の番をしているという。

店の裏手にある米蔵に向かうと、蔵の鉄扉の前に虎猫がいた。その姿は黒猫よりも一回り大きく、四肢は太く、屏風絵の虎を彷彿とさせた。なるほど、威風堂々たる居住まいで、さしもの鼠も恐れてしまうであろう風格が漂っていた。

「見ない顔だが、誰だ」

蔵に現れた勝軒を見て、虎猫は目を眇《すが》めて言った。

勝軒が事情を話すと、

「それはさぞ困っておろう。我輩はそこいらの犬とでも渡り合える。その鼠とて捕らえて進ぜよう。大船に乗った気でおるといい」

誠に豪胆な口振りで、勝軒の頼みを引き受けた。

道中、黒猫が言っていた評判について訊くと、虎猫は満更《まんざら》でもない様子で語った。

「我輩は、まず気で相手を呑むのだ。事を起こす前に相手を気で圧倒し、心をくじき、身を竦《すく》めさせる。そうなれば小賢しい技など不要だ。捕らえることなど造作もない」

勝軒はまたしても、なるほど、と内心思った。

たしかに剣術においても、あまりに相手が強いと木刀を構えられただけで身が縮み、自由に打ち込めなくなることがある。これが虎猫の言う気で呑まれた状態なのだろう。

この虎猫の堂々たる様からは気が充満していることがわかる。これならば、あの大鼠も一呑みにしてしまうだろう。勝軒は足取り軽く屋敷へと戻った。

虎猫、「気」を滾《たぎ》らせる

障子の前に虎猫が立つと、周囲に張り詰めた空気が漂った。

「では、いざ参ろうか」

厳《おごそ》かに構えた虎猫の言葉を合図に、勝軒は障子を開く。のしりのしりと座敷に入る虎猫の背中を、障子の隙間から勝軒と白猫、先ほど不覚をとった黒猫が覗《のぞ》き見る。大鼠は、座敷の隅に鎮座していたが、虎猫の姿を認めると、さっと跳び、身を低くして身構えた。

虎猫が低く喉を鳴らす。

大鼠は、牙を剝き出す。

さらに虎猫は威嚇するように腹の底から、重く、圧するような唸り声をあげた。

それに応じて、鼠も一刺しするかのように尖った声をあげる。

虎猫が躰《からだ》を撓《たわ》ませ、全身の毛を逆立てた。

すると、鼠も総毛を逆立てる。

鼠の躰が倍も膨らんだように見えた。虎猫が一歩にじり寄った。そこには重々しい威圧感があった。しかし、大鼠はそれに対して退くどころか、低い体勢で虎猫を睨みつけながら、逆に一歩詰め寄った。

虎猫がうなり声をあげながら、さらに一歩詰める。その姿には十分な気迫がみなぎっている。

しかし、大鼠もまた、それを丸ごと押し返すように歩を進めた。人である勝軒から見ても、血走った目で虎猫を睨みつける鼠の持つ気は尋常ならざるものがあった。

そんな大鼠の様子に押されたのか、虎猫の姿から徐々に迫力が消え始める。心なしか腰も引け気味だ。

大鼠がさらにあと一つ飛びで、虎猫に食らいつける距離まで間合いを詰めた。目と鼻の先で自分を見据えて牙を剝き出しにする鼠を前に、とうとう虎猫は障子の隙間をこじ開け、尻尾を巻いて逃げ出してしまった。

和する「心」で矛を止める

虎猫はすっかり意気消沈していた。出会った時には虎を彷彿とさせたが、今は兎の子のように小さく思える。

一部始終を見ていたが、虎猫の気はまさに豪壮。自ら語っていたように、相手を圧倒し、その身を竦《すく》ませるには十分なものであった。だが、大鼠はそんな豪壮の気を上回るほどの裂帛《れっぱく》の気で虎猫を退かせた。

「よもやあのような鼠がおろうとは……。かくなる上は、あの猫に頼む外ないかもしれん」

「あの猫、とな」

虎猫の呟《つぶや》きに勝軒が問う。

「橋向こうの長屋に住まう灰猫だ」

「おお、あの灰猫の旦那か。それなら間違いないでしょうぜ」

虎猫の言葉に、黒猫が大きく頷く。

「その猫は、おぬしたちよりも強いと申すのか」

「あっしなんぞ、あの灰猫に比べたら、月とスッポン、提灯に釣鐘《つりがね》でさあ」

「我輩にしても、あの灰猫に比べれば青二才よ。なにせ、爪も牙も用いず、気で圧せず、それでいて、いつの間にか鼠を捕らえている、そんな不可思議な術を使うのだ。そこの黒猫や我輩の手に負えんからには、その者の手を借りるがよかろう」

二匹がこれだけ太鼓判を押すなら、期待ができようというもの。聞くが早いか、勝軒は橋向こうの長屋へと赴いた。

道行く者に訊くと、灰猫のいる長屋はすぐに知れた。その界隈では名の知れた猫らしい。

長屋に着くと、井戸端でたむろっている住人たちに話を聞いた。

灰猫は誰が飼っているわけでもないが、長屋の者は口を揃えて「あの猫のお陰で鼠に困ったことは一度もない」と言う。

「お侍様、あの猫ですよ」

話していた内の一人が、長屋の角に積まれた桶を指す。桶の上では、今まで居眠りでもしていたのか、一匹の灰猫が欠伸をしていた。その姿は、黒猫のような機敏さも虎猫のような風格も感じさせない。些《いささ》か年も食っているようである。

勝軒は長屋の住人に礼を言い、桶の傍まで行き、灰猫に事の次第を話した。

すると、

「ようございます。その大鼠、私がなんとかいたしましょう」

と、灰猫は、鼠退治を快く引き受けた。

「しかし、ここからお侍様の屋敷まで歩くのは、ちと骨が折れます。手を煩《わずら》わせるようですが、ひとつ私をお屋敷まで運んでもらえませぬか」

「う、うむ。それくらいは容易《たやす》いこと」

勝軒は灰猫を抱きかかえた。その躰はつきたての餅のように手応えがなく、肉が締まっているとか力に溢《あふ》れているとかいったところが一つもない。

このような有様で、黒猫の技巧、虎猫の気とも違う、如何《いか》なる術を使うのか。

するとその不安を見抜いたのか、灰猫は笑いながら言った。

「そのお顔、私では心許《こころもと》ないとお考えのようだ。物を頼む態度ではないですな」

「い、いや、そのようなことは。気を悪くされたのなら謝る」

「しかし、私の風体《ふうてい》だけを見ればそれも無理からぬ話です」

「かたじけない。おぬしは不可思議な術で鼠を捕らえると聞き及んでおる。それは一体、どのような術なのか」

「私の鼠退治には、爪も牙も要りませぬ。巧みな技、圧する気とは違う術です。その二つで及ばぬのであれば、心の術が必要であることは自明の理《ことわり》ではありませぬか」

「心の術、となゝ?」

「左様。相手の争う心とぶつかるのではなく、寄り添って和らげてしまう。それで捕らえられぬ鼠がいようはずもないのですよ。案ずることはありませぬ」

勝軒は灰猫の言葉について考えてみた。

そう言えば、勝軒は剣術仲間からこんな話を聞いたことがあった。武の極意は、その字の示すとおり、戈《ほこ》を止める、つまり相手の武器を止めることにある、と。

そして、真の武芸の達人が止めるのは、実は相手の打ち込んでくる技ではない。打ち込もうというその心を止め、技そのものを出させないのだという。

この灰猫の「敵の心にぶつかるのではなく和らげる」ということが、その境地なのであろうか。いずれにせよ、この灰猫はただ者ではない。今度こそあの大鼠を捕らえられよう。

灰猫、「心」に寄り添う

屋敷に着くと、灰猫はぬるりと勝軒の抱えた腕から下り、待っていた黒猫と虎猫を尻目《しりめ》に障子の前に立った。

「それでは参りましょうか。障子を開けてください」

その穏やかで意気込む様子のないところが、勝軒には一層頼もしく思えた。

「では、お頼み申す」

勝軒が障子を開くと、灰猫は散歩に出向くかのような足取りで部屋の中へと入った。そんな灰猫の背中を、障子の隙間から勝軒と白猫、黒猫、虎猫が覗き見る。

灰猫には、これから旧友と一献《いっこん》酌み交わすが如く、なんの構えもなかった。

「さて、これは立派な鼠殿ですな」

部屋の隅に居座る大鼠を見て灰猫が言った。大鼠は、あいかわらずすさまじい気を発している。しかし、灰猫は、平然と大鼠に話しかけつつ近づいていく。

「おぬしも、次々と猫がやってきて落ちつけぬのではないか」

鼠に応じる気配はない。

「見ての通り、私はおぬしに手を出そうとは露《つゆ》ほども思っていない」

しかし、やはり鼠は動かない。唯々《ただただ》、灰猫をまっすぐに睨みつけている。

「どうだろう。この部屋を出て、もう少し落ち着けるところに身を移しては」

大鼠は動かない。灰猫が再び口を開く。

「そうか、ならば仕方がない。私も手荒な真似は好まぬが」

勝軒は灰猫の躰《からだ》から徐々に威圧感が湧いてきていることに気がついた。

灰猫がさらに距離を詰める。

それに対峙する大鼠の眼もさらに鋭さを帯び、甲高い鳴き声とともに牙を剝き出した。

剣術で言えば、一足一刀の間合い。両者の間に小石一つでも投げ込めば、牙が交わるだろう。そんな張り詰めた空気を勝軒は感じていた。

しかし、次に勝軒が耳にしたのは、意外な言葉だった。

「参った。おぬしの勝ちだ」

灰猫から先ほどまでの威圧感は消え、自分から一歩退いた。

「確かにおぬしは強い。勝てる猫とておらぬだろう。しかしな、私がこの件から手を引いたとて、また別の猫がやってくるぞ」

灰猫は、諭《さと》すような口調で言う。

「それでも駄目ならまた次、さらに次の猫が出向いてくるだろう。おぬしも時間が経てば腹も減るし、眠くもなる。理屈として考えれば、おぬしがそのうちこっぴどくやられるのは目に見えておる。それなら今のうちに、この厄介な部屋から出るのがよいのではないか？」

大鼠のほうは、まったく警戒を解いていない。あいかわらず灰猫を睨みつけ、牙を剝いている。

それに対して、灰猫はさらに勝軒の驚くような行動をとった。

灰猫は、いまだ一足飛びの間合いにあるにもかかわらず、くるりと身を翻《ひるがえ》し、大鼠に背中を向けたのである。

「噛みつきたければ噛みつくがよい」

大鼠はその様子をじっと見ている。灰猫は、さらに言葉を続けた。

「もう十分であろう。おぬしはよく戦った。私と一緒にここを出るのだ」

灰猫は、障子に向かって歩き始めた。

すると、なんと大鼠はおとなしくその後ろに従って歩き始めた。

灰猫は大鼠が先に出るよう、障子の前で道を譲った。

だが、大鼠は敷居を跨《また》がず、なんの前触れもなく灰猫の首筋に噛みついた。

灰猫は、結局、鼠ともみ合いながら七転八倒し、命からがら座敷から飛び出してきたのであった。

「強さ」のみならずして強き者

勝軒が、手ひどくやられた灰猫を手当てしていると、灰猫が口を開いた。

「あのような鼠は初めて見た」

「一体、どうしたと言うのだ。爪も牙も用いず鼠を捕らえるのではなかったのか」

勝軒の声に苛立《いらだ》ちが滲《にじ》む。

「たしかに一見して、あの鼠が強いというのはわかりました。黒猫と虎猫のご両人がやられたというのも頷《うなず》ける。ですが、憚《はばか》りながら、強いというだけならば、私にとってはどうということもないのです。強さを受け入れ、相手の心を和らげてしまえばいいだけのこと」

「つまり、あの鼠は強いだけではないと」

勝軒が言葉を継ぐと、灰猫がうなずいた。

「あの鼠は手を尽くしてこちらが受け入れようとしても、それすらはねつけてくる。これではいかんともしがたい」

灰猫からは、来た時の余裕もいつの間にか消え、すっかり弱々しい様子となっている。

勝軒が座敷を覗くと、大鼠は床の間の掛け軸に飛びつき、散々に引き裂いている。それを見て、勝軒の苛立ちは沸き立つ怒りへと転じた。

「ええい。これでは埒《らち》があかぬ。もう勘弁ならん。拙者自ら打ち倒してくれる」

と、奥の間へ駆け出すと、木刀を持ち出して座敷へ戻ってきた。

ぴしゃりと障子を開け放ち、大股で鼠の前に進み出る。大鼠は総毛を逆立て身構えた。息もつかず、勝軒は渾身の力で木刀を振り下ろす。大鼠は身を翻《ひるがえ》して躱《かわ》す。勝軒はそこらの戸、障子、唐紙《からかみ》を叩き破るのもかまわず木刀を振り回した。

一太刀ごとに、座敷の中で何かが壊れ、裂け、傷んだ。大鼠は畳と言わず壁と言わず、走り、飛び、ややもすれば勝軒の顔に跳びかかり食らいつきかねない勢い。その速さはまるで稲妻のようであった。

やがて、大汗を流し、息も乱れた勝軒は、木刀を杖にぐったりとその場に膝をついた。

大鼠は梁《はり》の上に逃げ込み、勝軒を見下ろしていた。

「武神」の噂

疲れ切った勝軒は庭石に腰を下ろした。

白猫と連れてきた三匹の猫が、所在なげにその姿を見ている。

「……かくなる上は、いっそ火でもつけてくれようか」

「いやいや、旦那様。いくら何でもそれはやり過ぎです」

白猫が宥《なだ》めようとするも、勝軒は頭をかきむしった。

「では、どうせよというのだ！　もう拙者にはどうしてよいかわからぬ！」

まるで駄々っ子である。癇癪《かんしゃく》を起こす主人に、白猫はおずおずと申し出た。

「旦那様。これはあまりに不確かな噂話であるが故、お伝えしていなかったのですが……実は『武神』と評される無類の猫がおるらしいのです。ここにいらっしゃるお三匹も耳にしたことはありませぬか」

三匹は顔を見合わせ、たしかに耳にしたことがある、と答えた。

「……それはどのような猫じゃ」

投げやりに問う勝軒に、白猫は困り顔で答えた。

「それが、どのような猫なのかは判然としないのです。ただ、鼠捕りにかけては無類であると。それだけが我ら猫の間で伝えられているのです」

「なら、その猫を連れて参れ。拙者はもう疲れた」

勝軒は、そう言ってうな垂れるばかりであった。白猫と三匹の猫たちは、連れ立って「武神」を探すことにした。

古猫の鼠退治

一刻半ほどして、猫たちは屋敷に帰ってきた。

ふて寝をしていた勝軒が呼ばれて庭に出てみると、そこには猫たちに連れて来られた一匹の古猫がいた。なんとも締まりのない顔をして、毛並みは悪く、躰《からだ》はふやけたようにぼってりとしている。動きも緩慢で、きびきびしたところがない。

「おぬしが……『武神』と言われる猫なのか」

「そうじゃな。うん、まあそうじゃ」

呆れた様子で勝軒が問うと、古猫は張りのない声で答えた。古猫を連れてきた当の猫たちも困惑した様子である。聞けば、噂を頼りに居所を探していくうちにこの猫に行き着いたのだという。

「だが、どう見ても達人、いや達猫には見えぬぞ」

「ですが、旦那様。この猫の住んでいる辺りの猫たちは、皆、口を揃えてこの御仁がそうだと言うのです」

きっと、辺りの猫たちとやらに担がれたのであろう。そう思った勝軒は、

「そうか。相わかった。では、古猫殿よ、あそこの座敷に大鼠がおる。捕らえてくれんか」

と、投げやりに言いつけた。

「そう言うなら、行ってみようかの」

古猫はのろのろと座敷に向かったが、庭から縁側に上るのも覚束《おぼつか》ない。二度、三度と縁側に手をかけるが、ぶら下がっているだけで上ろうとする努力が見られない。

業《ごう》を煮やした勝軒は、古猫をむんずと抱えて座敷の前に置いてやった。

「悪いの。しばらく動いちゃおらんのでな」

古猫は、礼を言うとのろのろと座敷に入っていった。

勝軒はそのまま放っておこうかとも思ったが、怪我をされては夢見が悪い。とりあえず古猫のやることを見届けることにした。

ところが、である。

古猫はのろのろと部屋の隅まで歩いたかと思えば、なんのこともなく大鼠を咥《くわ》えてしまったのである。

一方、咥えられた大鼠はと言えば、暴れる様子が微塵《みじん》もない。それどころか、今まで悪鬼か猛獣かと見紛《みまご》うほどに険しかった顔も、子供が飼いならしている小鼠のようになんのわだかまりもないものになっていた。

古猫は、入った時と同じようにのろのろと座敷から出てくると、ぼて、と縁側に下り、庭の真ん中で大鼠を放してやった。大鼠は、古猫を見上げて、鼻を、二、三度ひくつかせると、足早に庭の奥へと走り去っていった。

勝軒も他の猫たちも皆、呆気《あっけ》にとられて、何が起きたのかまったくわからなかった。

第二章　古猫、「勝負」と「上達」を語る

古猫、「道理」を説く

夕暮れ前。勝軒は、古猫と手を貸してくれた他の猫たちに、せめてもの礼として旨い魚を振る舞った。魚を平らげた猫たちは、古猫を上座に据えて、話を聞きたがった。

古猫の姿は、なんら特別なものを感じさせない。言うなれば、どう見てもそこらの汚い老猫《ろうびょう》であった。

「古猫殿。あっしらは、この界隈じゃちっとは名の知れた鼠捕りです。また、その名に恥じぬよう、それぞれに鼠捕りの道を修練してきたつもりです」

黒猫が口火を切ると、虎猫が続く。

「その通り。我輩は、鼠ばかりでなく鼬《いたち》や獺《かわうそ》までも押し潰そうと爪を研いでおりました。しかし、今まであのように強い鼠がいることは存じませんでした」

灰猫も謹んで口を開く。

「あなた様はどのような術によって、ああも容易《たやす》くあの大鼠を捕らえることができたのでしょう。お願いですから、あなた様の鼠捕りの『妙術』を惜しむことなくお伝えください」

平伏する三匹の猫。

古猫は呆《ほう》けたような顔で部屋の天井など見ていたが、しばらくして笑い出した。

「なぜ笑いなさる」

虎猫がやや憮然《ぶぜん》とすると、古猫は答えた。

「若いのう。笑われたぐらいで心を乱すでない」

古猫は後ろ足で耳を掻いてから、言葉を続けた。

「おぬしたちも、それなりに鼠は捕るらしいが、しかし、まだ本当の道理を知らん。だから、自分の思ってもみなかったことに出合うと不覚をとるのだ」

「本当の道理？」と、虎猫。

「それについては自然と明らかになろう。自然がそのような流れになれば、だがの。まあ、まずはおぬしらがこれまでどのような修行をしてきたのか、それを聞かせてもらおうかの」

三匹は、顔を見合わせたが、「それならば」と、黒猫が進んで己の修行について語り始めた。

技の見かけは妄想と知れ

「あっしの家は、先祖代々、親兄弟に至るまで、皆、鼠捕りの名人。あっし自身、生まれてこの方、鼠捕りの技に磨きをかけてきたんでさ」

「それは立派じゃの」

古猫に言われ、黒猫はいささか自慢げに話を続けた。

「そのおかげで、ガキの頃から、七尺（約二・一メートル）の屛風くらいはラクに跳び越えられましたし、どんな小さい穴にだって潜り込めたもんです。まあ、世に言う早業軽業《はやわざかるわざ》で、あっしにできないことはありやせん」

「そうか」

「それに鼠捕りの奇策についても、ありとあらゆるものを学びやした。それこそ、眠っているふり、気づかぬふりといったものに至るまで。そうした技のおかげでこれまで、桁《けた》や梁《はり》を走る鼠であろうと捕り損じたことはありませんでした」

　朗々と語ってきた黒猫だが、そこで頭を垂れた。

「しかし、今日、考えたこともないほどの鼠と出合い、一生の不覚を取っちまいました。こいつぁ本当に思いも寄らなかったことでさ。なぜあっしの技はあの鼠に通じなかったんでしょう？」

　古猫は、しょげる黒猫に語りかけた。

「そのように思った疑問を自然に口にできたのはいいことじゃ。魚はもうないのか？」

　勝軒が首を振ると、古猫は自らの掌をなめて、言葉を続けた。

「おぬしが身につけたのは、所詮は鼠を捕るための所作に過ぎぬ。いまだ、それを使って鼠を捕らえてやろうという心から自由になっておらぬのじゃ」

「どういうことでしょう？」

「そもそも鼠捕りの技を修行するのは、なんのためか？　おぬし、わかるか？」

「そりゃあ……、技を身につけて、鼠をうまく捕るためでさ」

「違う。技など枝葉に過ぎぬ。身につけるべきは、鼠を捕るという行いの底の底にある道理なのじゃ」

「道理、でございますか」

「思えば、先人の残した技というのは単純で簡潔なものが多い。その故に、当たり前、古くさい、などとも侮られがちじゃ。しかし、この単純、簡潔な技の中にこそ、無限の変化を可能とする道理が含まれている。先人が伝えているのは畢竟《ひっきょう》、技ではなく、この道理なのじゃ。技を学ぶとは、その底にある道理を身につけることなのじゃ」

黒猫は、食い下がる。

「しかし、単純な技だけ学んでも、使える時が限られやしやせんか？」

「その考え方が違うと言っておるのじゃ。最近のヤツらは、先人の技を不足として、鼠が梁《はり》を走った時の技、穴に逃げ込んだ時の技、向かってきた時の技、大きな鼠を相手にする時の技、小さな鼠への技などと、こうきたらこうする式の技を次々と考え出しては披露しておる。しかし、現実とは限りのないものなのじゃ。鼠の姿や振る舞いもまた無限。ならばどうする？　技を限りなく増やすのか？」

「それは……」

「現実の無限には、こちらも無限で応じねばならぬ。そのために身につけなければならぬものこそが、道理なのじゃ。鼠を捕るための正しい道理さえ、身のうち心のうちにあれば、必要な技など自ずから出る。自分の知らない技でさえ限りなくな。こうなって初めて、現実の無限に無限で応じることができるじゃろう」

「しかし、どうすればそんな境地に」

「技の見かけは妄想と知れ。技の修行を通じて、そこに隠れた道理をこそ我がものとせよ。勝手な知恵を働かせるな。道理を知らぬ知恵でいかに工夫をしようとも、妄想に妄想を重ねるだけ。技に忠実に、そして、技の先、技の奥、技の底にあるものを見据えて修行をするのじゃ」

それを聞いて黒猫は黙ってしまった。考え込んでいるようにも見える。古猫はそれを見て笑った。

「言葉もないか。いいことじゃ。その思わず黙った姿こそ、道理の姿じゃ」

「浩然の気」を身につけよ

「我輩は！」

そんな様子に、何かを感じたのか虎猫が、弾かれたように話し始めた。

「我輩は、武術とは気の在り様《よう》を尊ぶものと思っております。それ故、長い間気の修練をしております」

「ほほぉ。たしかにずいぶんと強い気を持っておるのう。圧倒されそうじゃ」

虎猫は、胸を張って答えた。

「修練を積んだ結果、我輩の気は自由自在、この上なく力強く、我ながら天地に充満するかのように感じております」

「なるほど、それじゃあ、鼠のほうもたまらんじゃろうな」

「我輩が鼠と相対する時は、まず気で相手を呑み、圧倒します。こうなれば、勝ったも同然。進み出て、仕損じることはありませぬ。鼠がどう鳴こうが、どう動こうが、応じられぬことはない」

「たいしたもんじゃのう」

「つけ加えさせていただければ、我輩は技を用いるに、こうしよう、ああしようなどと心は用いませぬ。古猫殿も先ほどおっしゃられたように、道理に従い、自然に内より湧き出る技に身をゆだねるのみ。気がつけば、鼠を捕らえている。そんな境地を目指しております」

「じゃあ、なんで負けたんじゃ？」

虎猫はそれを聞いて一瞬言葉に詰まり、恥じ入った様子でおずおずと答えた。

「あの大鼠は、我輩の気にも呑まれなかったのか、逆ににじり寄ることさえしてきおった。一方で、我輩はいつものように技を振るえず、おめおめ逃げ出すことになったのです。我輩の何が間違っておったのか。皆目見当がつきませぬ、どうか教えを賜りたい」

古猫はそんな虎猫の言葉を聞いているのかいないのか、欠伸《あくび》をした。

そして、涙目のまま話し始めた。

「おぬしは道理に従い、技を出すと言ったが、わしが見るところそうではない。おぬしがやっているのは、気の勢いに乗じるということに過ぎぬのじゃ」

「と言われると？」

虎猫が、ずいとその身を乗り出す。

「おぬしの技は自然に出るとはいっても、所詮相手を圧倒し、己が強気になった時のその勢いを頼りにしておる」

「しからば、気の強さは不要だと？」

「そんなものは、クソ小便じゃ。捨ててしまえ。こちらが敵の気を破ろうとすれば、敵もまたこちらの気を破ろうとするのじゃ。自分の気のほうが強いうちはよい。が、破ろうにも破れぬほどの気の持ち主が相手の場合はどうするのじゃ？　こちらが敵の気を覆《おお》って押しつぶそうとすれば、敵もまたこちらの気を覆ってくるのじゃ。覆おうにも覆えないほどの気の持ち主が相手の場合はどうするのじゃ？」

「それは……」

虎猫は答えに窮した。

「いや、しかし、そうならぬよう、強い気を練ってきたのです」

「わかっておらぬな。強い弱いなどというのは、必ず移り変わる。自分だけがいつまでも強く、敵が皆弱いなどということがあるわけがない。おぬしの気がいかに強くとも、必ずそれより強い気の持ち主は現れるのじゃ。どんなに強くとも、強さなどというのはその程度のものよ」

この弁に、さしもの虎猫も黙らざるを得なかった。

「もう一つ言えばの。おぬしが自分の気について、自由自在、この上なく力強く、天地に充満するなどと感じていたのは、所詮はおぬしの気の強さが作った一時の気分に過ぎぬ。これは道理にかなった気の在り方とは違う」

「それでは、道理にかなった気とは如何なるものなのでしょうか」

「おぬしは孟子という人を知っておるか？　中国の古き時代の賢人じゃ。孟子は、気の在り方について〝浩然《こうぜん》の気〟というものを説いた。これこそが本当の気の姿じゃ」

「浩然の気、とは、我輩の言う気とは異なるものなのですか」

「似て非なるもの。おぬしの気は敵に勝っている勢いに乗じて、働くに過ぎぬ。しかし、浩然の気は、心の内の道理の赴くままに振る舞うことで、どんどん活き活きと働くようになる。相手より強いかどうかは問題ではない。どれだけ道理に寄り添うかなのじゃ」

　虎猫は、黙って聞いていたが、たまらず口を開いた。

「しかし！　しかし、それにしてもあの鼠めの気は、なぜ練りに練った我輩の気より強かったのか。合点がいきませせぬ」

「まだわからぬのか。あの鼠の持っている気こそが、浩然の気よ」

古猫の言葉に驚いた様子の虎猫は、さらに問うた。

「そ、それは、どういうことでしょう？」

「窮鼠《きゅうそ》猫を噛むという言葉があろう？　おぬしは、この言葉の持つ本当の意味を考えたことがあるか？」

「意味も何も、追い詰められた鼠は猫にも噛みつく、という意味でございましょう」

「どうやら、おぬしの虎柄の頭は飾りのようじゃな。なぜ追い詰められた鼠は猫を噛むか？　それは生きるために必死になるからじゃ。この必死の境地こそ、浩然の気の好むところの一つ。猫に追い詰められた鼠は、やられまいとする。このやられまいは、頭でやられまいと考えているのではない。やられまいとする意志が、心の内の道理から湧き出ているのじゃ。ここに浩然の気が生まれる。この時鼠は、自分が生きていることを忘れ、何かをしようという欲を忘れ、勝ち負けを忘れ、自らの身の安全すら忘れている。ただ、必死の境地の中で湧き出る浩然の気に、身体を突き動かされているのじゃ」

虎猫は、古猫の話をますます前のめりに聞き入っている。それは傍らにいる勝軒も同じであった。

「よいか。ここには作為も知恵もない。余計なものが混ざらず、意志と気とが一体となって身体が動いている。だからこそ、その意志は、迷いとは無縁で金鉄のように強い。そこにある気も、技を無限に生み出す浩然の気。こんな状態のものを、気の強さで圧倒しようとしても、どだい無理な話じゃよ。そもそも、相手は気で負かされようと、負かされたことにかまわず向かってくるのじゃからな」

勝軒は、数々の高名な武芸者から話を聞いてきたが、目の前にいる老いた猫の話は、それらを絶する境地を感じさせるものだった。

不自然な「念」、道理をもたらす「感」

そこに灰猫が割って入った。

「おっしゃる通り。虎猫殿の気は強い。が、そこには所詮、相手を圧しようという形がある。私の考えでは、形があるものは、必ず相手の反発を引き起こしてしまうもの。それが動かぬ理屈というものです」

古猫は、灰猫に向き直った。

「ほう。ならば、おぬしはどう鼠を捕らえるのじゃ」

「自らのこうしよう、ああしようという考えを捨て、無心で相手に応じて調和します。私は長い間、そのための心の修練をしてきました。その結果、気の勢いに頼らず、相手に逆らわず、一旦相手と調和すれば、決してそこから離れずにいることができるようになりました。応じることを第一とし、形をなくし、相手が押さば退き、退かば押す。仮に相手が強く押してくれば、その分だけ退いて寄り添ってしまえばよいのです。こうした流れの中で、自然と鼠が自分から捕らえられに来るのを待つ。これが、私の術。いわば、投げられた礫《つぶて》を布で包み込んで受けるようなものです」

「ほうほう」

「このような私の術の前では、強い鼠も無力。強さを発揮しようとしても、それをぶつける相手がいないからです。こうなれば、気の強弱など無意味でしょう」

古猫は、立ち上がり畳で爪を研ぎ始めた。

「古猫殿、畳が傷みまする」

勝軒が思わず言ったが、古猫はそれにかまわず爪を研ぎながら話を続けた。

「しかし、おぬしも負けたそうじゃな」

灰猫は単刀直入に切り込まれて、苦笑した。

「はい。恥ずかしながら。今日の鼠は、こちらの押し退きにも動ぜず、調和しようにも応じず、まるで目や耳などないかのように噛みついてきました」

古猫は、それを聞いて大笑いした。

「それは災難じゃったのう。まあ、ムリもあるまい。おぬしが言っておるのは、真の無形、真の調和ではないからのう」

「どういうことでしょう？」

「おぬしは、道理に従って形をなくしておるのではなく、作為によって形をなくしておるのじゃ」

「しかし、私に作為などありませぬ。鼠と相対するに、端《はな》からこうしよう、ああしようという気持ちは捨てております。私の心中にあるのは、ただ相手に応じることのみ」

「それがいかんのじゃ。調和しようと考えて調和するのは、調和という一つの形をとっておるに過ぎぬ。決して形をなくしておるわけではない。よいか、技には、『念』から出るものと『感』から出るものがある」

「『念』と『感』」

灰猫は古猫の言葉を繰り返した。

「『念』とは考えること。『感』とは感じることじゃ。敵の攻めの気をいなそうとしても、考えて出た『念』の動きではうまくいかん。相手も『念』の醸《かも》し出す不自然さを感じて、その動きにまた対応するからじゃ。敵との調和も、考えて行えば、気も濁《にご》り、動きも濁って力がなくなる。考えての行いは、心の内の道理がもたらす『感』をふさぐのじゃ。『感』がふさがれてしまえば、道理のもたらす素晴らしい働きもどこから出ようか？」

「では、真の無形、真の調和とはどのようにすればよいのでしょうか？」

「どのようにする、だと。それがまたいかんのじゃ。よいか。考えず、しようとせず、ただ心の『感』に従って動くのじゃ。そうすれば、その自然さの中に融《と》け込んで形はなくなる。形さえなくなれば、もはや天下に敵無しとなるのじゃ」

「道理」の純粋さを高めよ

続けざまに説き伏せられた三匹の猫は、すっかりと意気を消沈してしまい、黙りこくってしまった。

そんな三匹を見て、古猫はさらに続けて言った。

「そんなにしょげかえらんでもよい。おぬしら、それぞれの修練したことが、すべて無駄だったなどと言っているわけではない。道理と技は一貫したものじゃ。真なる技が道理から生まれるように、道理もまた技の修練から窺うべきもの。おぬしらが技の修練に励むのも当然のことよ」

「では、我々の誤りはどこにあったのでしょう?」

灰猫が問う。

「身体は、気が動かすのじゃ。気がのびのびと働けば、何が起ころうとも応じられ、相手に調和するのに苦労もなく、岩や鋼に当たっても挫《くじ》かれることはない。しかし、そこにわずかでも、こうしよう、ああしようという頭でっかちな考え、つまり『念』が入れば、それは作為じゃ。そうなると、気も濁り、それによる動きも自然さを失うじゃろう。濁った気には、敵も服せず、抵抗し、ますますこちらを打ち倒そうと向かってくる。おぬしらの行いはいずれも、『念』によるものじゃった。そこの黒猫は技に、そこの虎猫は気に、そこの灰猫は無形になることに『念』を持っておった。そこが誤りじゃった」

「では、敵と相対するにどのような心持ちでおればいいのですか？」

虎猫が問う。

「それもいかん。心持ちなどすべて捨てよ。敵と立ち合うには、『念』を捨てるのじゃ」

黒猫がたまらず口を開く。

「しかし、何も考えずに立っていてはやられてしまいますぜ」

「やられればいいではないか」

古猫は笑った。

三匹の猫と勝軒が呆気にとられる中、古猫は言葉を続けた。

「不安がることはない。普段から技の修行に励んでおれば、道理もまたその分だけ心の内にはっきりとあるもんじゃ。どんな敵と相対しても、心の内の道理の声に耳を澄まして待てばよい。待てば、勝手に『感』が働き、気がおぬしらを動かすじゃろう。それで勝てぬ時は、どうせ考えたところで勝てやせぬ。あとは、技の修行を通じて、心の内の曇りを取り除いてゆけばよい。わしに言えるのはそれだけじゃ」

勝軒は、武術修行の真の意味、達人の境地というものを垣間見た思いがして、心が震えていた。それは三匹の猫も同じようだ。

「道理」の極致

「ただ、そうは言っても道には極まりがない。わしの言う境地も極致とは言えん」

「まだその上の境地があるのですか？」

勝軒は思わず声を出していた。

「一つ話をしよう。わしが道理の奥底にあるものを覗き見た話じゃ」

一同は息を吞んで、古猫の言葉を待った。

「昔の話じゃが、隣村にある猫がおった。その猫は一日中うとうとと眠っていて、気が動く気配もない。まるで木の置物のような猫じゃった。人はその猫が鼠を捕っているところを見たことがない。じゃが、その猫の行くところ鼠がいなくなるのじゃ。猫が場所を変えても同じ」

「不思議な話だ。なぜなんでしょう」

黒猫が言った。

「わしもその話を聞いて居ても立ってもいられなくなった。そして、その猫のところに行って、なぜそのようになるのか、理由を問うた。しかし、答えてはくれなかった。四度訪ねて問うたが、結局、何も答えてはくれなかったのじゃ」

「つまり、理由はわからずじまいだった、と」

灰猫が言葉を継いだ。

それを聞いて、古猫が首を横に振る。

「いや、わしにはわかったのじゃ。あの猫は答えなかったのではない。答えられなかったのだ、と。真に道理と一体になった者は、その境地を言葉になどできるはずがない。道理の含むものには限りがないが、言葉には所詮限りがあるからじゃ。道理を知らない者に限って、軽々と言葉にするがのう。あの猫は己を忘れ、周囲を忘れ、己と周囲の境すらなくなっていた。『神武は殺さず』と言う。死ぬべき敵は殺すまでもなくして死ぬからじゃ。あの猫の境地こそそれじゃろう。鼠は消えた。あの猫が捕ったのでも、鼠が捕られたのでもない。単に鼠は消えるべくして消えたのじゃ。わしもまたあの猫の境地には遠く及ばぬ」

三匹の猫たちはしばらく呆然としていたが、その後、口を揃えて、「恐れ入りました。御言葉を肝に銘じ、精進いたします」と平伏した。

勝軒も古猫の話に感服し、同じように頭を下げるのみであった。

第三章　勝軒、「世界」を我がものにす

勝軒、剣術の奥義を問う

宴の席が畳まれ、勝軒は、黒猫、虎猫、灰猫をそれぞれの住処《すみか》へと送り届け、飼い主らにも礼を言って回ることにした。古猫が住まう村は少しばかり遠方だったため、一旦、屋敷に残し、三匹を送り届けてから連れ立つこととなった。

古猫とともに屋敷を出る頃には、日も傾き始めていた。

帰る時分には夜も更けているはずである。左手にぶら提灯《ちょうちん》、右手に古猫を抱えた勝軒の姿は、「猫のお侍様」そのものである。

いくらも歩かぬうちに、空は茜《あかね》色から宵闇《よいやみ》に染まった。

次第に雲が厚くなり、月明かりも頼りなくなってきた。顔を撫でる風も湿り気を帯びているようだ。いつ雨に降られてもおかしくない空模様である。勝軒は提灯を灯《とも》し、歩を速めた。

それにしても、不思議な古猫である。右手に抱えていても、時折、腕の中にいるのかどうかわからなくなる瞬間があるのだ。はっとして見れば、もちろん古猫は腕の中にいる。

思えば、三匹の猫たちが勝軒に語ったこと、そして、古猫が三匹の猫たちに語ったことは、すべて剣術の道にも通じる理があった。

この古猫ならば、真の剣術の奥義を教えてくれるのではないか。剣の道に悩む己に何かを示してくれるのではあるまいか。

勝軒は、二度とこの古猫に会えないかもしれないという考えに思い至って、思わず口を開いた。

「のう、古猫殿。拙者は長きにわたり剣術の修行に努めて参った。しかし、今日、貴殿の話を聞いていて、初めて我が歩む道の奥義たるものの片鱗《へんりん》に触れた気がするのだ」

「そうか」

「そこでだ。できればさらにその奥義を示してくださらぬか」

すると、古猫は腕の中から勝軒を見上げて笑った。

「わしは獣じゃ。鼠は食うために捕るだけのこと。人間に教えられることなどない」

「そう言わず。貴殿の言葉は、賢《さか》しらな剣術者よりもよっぽど深いものを含んでおる。この身を憐《あわ》れと思って教えてくださらぬか」

古猫はしばし、勝軒の顔を見つめた。勝軒も古猫を見返す。その目は奥底に光を持っているように感じられた。

剣術に奥義なし

「おぬしは剣術とはなんだと思っとるんじゃ？」

前触れなく古猫に問われ、勝軒は少々面食らった。

「それをお教えいただきたいのだ」

「わからん奴じゃのう。まずおぬしがどう考えておるかを知らねば、何を話せばよいのかわからんではないか。あんまりわからんようだとわしは寝るぞ」

と、古猫は腕の中で眠ろうとする。

「あいや、待たれよ。剣術とは……」

「ふむ、剣術とは？」

「それは……うむむ」

「寝る」

「お、お待ちくだされ！　だから、その……技、気、心を一体と成し、如何なる敵と相対しても勝ちを収めること、であると思うのだが」

半ば苦し紛れに答えた勝軒の顔を、古猫が見上げる。

「ほほぉ。おぬしは勝つことにこだわるか」

「刀を帯びている以上、敵と相対して負けることは許されぬ」

「じゃが、実際には負けることもあろう。おぬしは一度たりとて負けたことがないのか？」

「い、いや。敗北を喫し、苦汁を飲まされたことは幾度もある」

「そうじゃろうな。そもそもおぬしは勝つことにこだわり、その先に何を求めておるのかのう。名声か、金か？」

問われた勝軒は、一瞬、答えに窮した。

今まで、勝つことで剣術の奥義を会得できると信じて疑わなかった。そうして道が拓《ひら》ければ、確かに名声も金も得られるだろう。だが、己が求めていることはそんなことなのだろうか。

「……そうではござらん」

それは熟慮の末というよりも、口をついて出た答えだった。

「拙者には、心の内で範とする兄弟子がおります」

「ほお」

「その御仁は、若き頃から才に溢れ、しかし、その才に溺れることなく修練を積み、その剣は精妙。今では、江戸でも五指に数えられるほどとなり、藩で剣術指南をしております」

「それは大層な人物じゃのう。おぬしはその者に憧憬《どうけい》を抱いておるということか」

「拙者などあの方の足元にも及びませぬ。比べるのもおこがましいのは百も承知であろうというものなのだが――」

「ごちゃごちゃうるさいのう。素直にそうと認めい」

古猫は、面倒臭そうに勝軒の言葉を切り捨てた。

「う、うむ。確かに憧れておりまする。負けを知らぬ強さを手にできれば、あの御仁のようになれるのではないかと」

「それも嘘ではないようじゃが、おぬしが勝ちにこだわる理由はそれだけではないように思えるのう」

すべてを見透かしているような言葉だったが、勝軒は何かに導かれているように感じられ、嫌な心持ちではなかった。勝軒は再び、己が勝ちにこだわる理由を考えた。

思い当たったのは、若き頃、辻斬りに出会った一件だった。これは兄弟子に憧れるきっかけになった出来事でもある。

師に使いを頼まれ、夜も更けてから帰ることになった勝軒は、市中で噂になっていた辻斬りに出くわし、そこで生まれて初めて、斬り合うために刀を抜いた。

だが、勝軒は己に向けられた白刃の切っ先に、心底、怖さを覚えた。

自分自身に対する不甲斐なさや体面のことなど考える余裕はなかった。背中に冷たい汗が這《は》い、息は乱れ、膝が震えることを抑えられなかった。

その窮地に現れたのが、件の兄弟子であった。

兄弟子は、白刃の立ち合いにおける緊迫の中でも、波立たぬ湖面のように静かに刀を構え、瞬《また》く間に辻斬りを斬りつけ、取り押さえた。

本当の真剣勝負の厳しさ。学んだはずのことを何ひとつ活かせなかった不甲斐なさ。自在に剣を振るう真の剣術者の底知れなさ。それらを痛感せずにはいられない出来事だった。

「――拙者は、そこで悟ったのです。剣術において、負けることは死ぬことなのだと。それ故、勝たねばならぬ、強くあらねばならぬ、そのための工夫を怠ってはならぬ、と考えるようになったのです」

勝軒が一切を語り終えると、古猫は勝軒の腕の中で舟を漕いでいた。

「……古猫殿。聞いてござったか？」

古猫は、大きな欠伸をすると、

「大体は聞いておった。まあ、そうじゃな。これはあくまで聞いた話じゃが」

欠伸で溜まったまなじりの涙を拭い、古猫は語り始めた。

「そもそも剣術とは、敵に勝つためだけに修行するものではない。むしろ、敵との斬り合いに臨んで、自分の生き死にを明らかに見届け、そのありのままを受け入れるための術なんだそうじゃ」

勝軒は古猫の言葉に黙って耳を傾けた。

「武士たる者は、常にこの心を養い、そのための術を怠りなく修行せねばならぬ。生も死も勝ち負けも、結局は道理の生むもの。同じものであることを知るのじゃ。そして、そのありのままを受け入れる心だけを保ち、それを偏《かたよ》らせず曲げず、疑わず惑わぬこと。そして、自分勝手な工夫や知恵も働かせず、心も気も乱さず、妙なこだわりも持たない。そんな状態に己を置くならば、仮に白刃を持った敵に相対しても、自在に応じられるものじゃ」

勝軒はこれまでの自身の剣術修行の来し方を振り返って顔から火の出る思いでいた。ひたすらに敵に勝つことだけにこだわり、そのための技や教えをつまみ食いし、その奥にある道理などついぞ考えてもみなかった。

今日のことにしてもそうだ。黒猫が鼠に敗れればその技を疑い、虎猫が負ければその術に落胆し、灰猫が事を成せねば訝《いぶか》しむ。挙句に、鼠を仇《かたき》と腹立ちまぎれに木刀を振り回す始末。ありのままを受け入れる心——その境地に悉《ことごと》く反する一日であった。

これでは、古猫の述べる剣術の蘊奥《うんのう》になど到底辿り着けまい。

古猫は続ける。

「心にたとえわずかでも、こうしたい、というこだわりがあれば、それは形となって現れる。そして、その形こそが、敵だ己だなどというくだらぬ構図を生む。果たして無意味な技比べの始まりじゃ。これでは、自在な変化などできようはずがない」

「では、斬り合いの死地にはどのように臨めばよいのです？」

「よいか。勝ち負けにこだわり、切り結んでいる真っ最中に、ああしたらどうか、こうしたらどうか、などと考えるのは、道理に従って動きたがっている身体を押さえつけているようなものじゃ。なぜ、勝ち負けは道理の赴くまま、『感』の赴くままに任せ、それを受け入れようと気分よく斬り合いの場に立たぬのじゃ。そんなことでは、たとえ勝ったにせよ、見かけだけの虚《うつ》ろな勝ち。剣術の本来の姿ではない」

「とにかく勝ち負け、生き死に一切のこだわりを捨てよ、と」

「そうじゃ。だが、こだわらぬことにこだわってもいかん」

「むう。こだわらぬことにもこだわらぬとは？」

「よいか。現実も己が心も、その底にあって動かしておるのは道理なのじゃ。道理には決まった形などない。そこにあるのは変化だけじゃ。だからこそ、現実は移り変わり、それに従って心も自然と移り変わる。変な邪魔さえしなければな」

「なるほど」

「つまり、変わり、化し、移りゆく、その姿こそが肝要。こだわらぬことにこだわるあまり、この自然の変化を留めてはならんということじゃ。心の内にある、揺るぎないもの、確固たるもの、ぶれないもの、これらはすべてゴミと心得よ」

「ならば、剣術に確固とした技も奥義もないと申されるか。揺るぎない信念も志も持ってはならぬと申されるか」

勝軒は、今まで自分の中にあった剣術に対する考え方と真逆の言葉を聞き、思わず声を大きくした。

「当たり前じゃ。己の中にあるべきは変化のみ。技の変化、奥義の変化、信念の変化、志の変化。この変化が留まった時、気もまたそこに留まり偏る。気が偏れば、身体も自在には動かなくなるのじゃ。何かに気を使ったと思えば必ず過剰になり、気を使わぬところでは、必ず不足となるじゃろう。気が過剰なところでは、他のものが目に入らず、自分の動きを自分で止められぬほどになる。

気が不足したところでは、注意も散漫になり、動きも弱々しく役に立たなくなる」

「むう。それは、どういった意味でござろうか？」

「わからぬか。たとえば、おぬしが斬り合いをしていると考えてみよ。その時に、あらかじめ『相手の太刀がこう来るのをこう受けて、こうやって斬る』などと考え、それにこだわっていたらどうなるか。相手が思ってもみない太刀の振り方をしてきたら、それでおぬしはバッサリじゃ。つまり、その時のおぬしは、自分の事前の策に対して気が過剰になり、相手の思わぬ太刀の振り方に対しては気が不足しておるわけじゃ」

「なるほど、つまり大切なのは、何が起ころうと柔軟に変化する心の在り方というわけでござるか」

「そうじゃ。技も奥義も信念も志も、それが決まった形をもって固まった瞬間に、その人間を縛る。それでは現実の変化に応じることなどできんのじゃ。わしが『こだわるな』という意味は、こうした形を持ったものを捨て、敵だ己だなどとも考えず、心の内の道理に身を任せることで現実の変化に応じること。そこに『己』という痕跡も残さないような、そんな在り方を言っておるのじゃ」

「『己』という痕跡も残さぬ、とは」

「『易』という古い書物に、真の古いの姿について『何も思わず、何も為さず、静かに動かないが、問う人を感じて天下全ての事柄に答えを出す』という一節がある。すべて偉大なものは、道理に従って周囲に応じるのみ、なのじゃ。では、どうであろう？　万事この調子であれば、このものを動かしているのはなんであろうか？　無論、己の意図に従って動いているわけではない。道理に従って応じているに過ぎぬからじゃ。かといって、周囲が動かしているわけでもない。周囲も道理に反して、そのものを動かすことなどできぬからじゃ。つまり、あるのは道理のみ。これを知って剣術を学ぶものは、真の教えに近づくことができるじゃろう」

勝ち負けは「妄想」と心得る

勝軒は、今までの古猫の話を頭の中で噛みしめた。何か剣術の奥底にある光に触れたような、話を聞く前と何も変わらぬような不思議な感覚だった。話をすべて飲み込めたわけでもない。

「貴殿の話を聞くに、敵も己もなく、ただ道理に従って立ち合いの場に臨むところこそ、剣術の目指すものなのだと拙者にもわかった。しかし、拙《つたな》いながらも剣術修行を積んできたものとして、敵もなく己もないなどということが、本当にありうるのかどうか……」

「それは違うぞ。そもそも、敵もなく己もない状態こそが本当なのじゃ。よいか。己を己とするから、敵も敵となる。己を己としなければ、敵も敵とはならん。つまり、敵とは、所詮、己という考えと一つ組となって生まれる単なる呼び名。妄想じゃ。道理に従って見れば、己も敵もないのじゃ」

「しかし……」

「納得がいかぬか」

勝軒が答えられずにいると、古猫が腕の中で少し動き、急に気配を感じさせるようになった。

「ちと、わしを下ろせ」

「う、うむ」

勝軒は、言われるがまま抱えていた古猫を下ろした。

すると古猫は「おぬしはそこに立っておれ」と言い、よたよたと勝軒の足で十歩といったところまで歩き、立ち止まった。提灯の灯りだけでは心許なく、古猫は夜暗《やあん》に紛れかけている。

「さて」

古猫が振り向く。すると、初めからそうなる巡り合わせであったかの如く、雲の切れ間から月明かりが射し、闇の中にいた古猫の姿を照らし出した。

「おぬしは、自分の立っている場所をどう称すかの?」

「ここを、でござるか？」

「まさにそれじゃな」

一瞬、何を言われているのかと思ったが、つまり「ここ」ということらしい。

「では、わしのいる場所は？」

「『そこ』であろう」

「そうじゃな。では、わしのところまで来てみよ」

言葉に従い、古猫のもとまで歩き、その傍らに立つ。

「さて、もう一度尋ねよう。おぬしの立っている場所は？」

「それは無論、『ここ』に立っておる」

「では、先ほどまで立っていた場所は？」

問われて、振り返る。

「無論、『そこ』だが」

「さっきは、『ここ』と言っておったではないか」

「それは、『ここ』から見たら、『そこ』なのだ」

「そうか。では、『ここ』から見なければどうじゃ？　『そこ』はどこにあるのじゃ？」

「むう」

「もともと、この大地に『ここ』も『そこ』もない。あるいは、『そこ』も『ここ』も同じものじゃ」

勝軒には、古猫の話から見えてくるものがあった。

「つまり、『敵』は、『己』を『己』と見るからこそ『敵』となる、ということであろうか？」

「わかってきたではないか。決まった形をとるからこそ、それに対峙するものが出てくる。日なたができれば、日陰もできるようにな。逆に、心に己という形をとらねば、そこに敵対する者もない。敵対する者がなければ、争うこともない。これが『敵もなく己もない』ということじゃ」

勝軒は、もう一度、今、己が立っている場所と、先ほどまで自分が立っていた場所を見比べた。

そうか。きっと強さ弱さや勝ち負けというのもそうなのだ。心に、強い者を「強い」とするからこそ、そこから見て弱い者は「弱い」とされる。しかし、そもそも強い者を「強い」としなければ、強い者も弱い者もなくなる。

勝ち負けも同じだ。心に「勝ち」という決まった形をつけるからこそ、そこから見て「負け」も生じる。

誰かより「強く」あらんとすれば、その瞬間から「弱さ」に苛《さいな》まれる。逆に、己を「弱い」と思えば、「強さ」にこだわらんと苦しむことになる。「勝ち」を収めんとする心が「負け」という形をも作り出す。

とすれば、強さ弱さや勝ち負けも心の形が勝手に作るもので、それ自体に実体はないのかもしれない。

勝軒がそんなことを考えていると、古猫は勝軒の心を見透かしたかのように話を続けた。

「そのとおり。すべて心の形は妄想じゃ。上も下もなく、良いも悪いもなく、重いも軽いもなく、自分も相手もない。本来一つに融《と》け合って道理に従い移りゆく現実を、勝手な形でとらえておるに過ぎんのだ」

眼裏に塵あれば三界窄く

古猫はいつの間にか勝軒の片腕の中に収まっている。

「よいか。肝要なのは、意図や決まりきった形を忘れて静かに立つことなのじゃ。さすれば、相手と調和して一体となり、身体から自然と技が出る。そこで、結果として相手の技を破ったとしても、自分でも知らぬまま、あるいは知らぬのでもないままにということになるじゃろう。考えた『念』ではなく、自然にあふれた『感』のままに動いておるからじゃ。そこにあるのは戦いではない。言うなれば、相手と一体となって、現実の変化を表現しているだけなのじゃ」

「斬り合いは戦いではない、と」

「道理の真実から眺めれば、どんな勝負も隣近所で世間話をするのと何も変わらん。斬り合いも話し合いも現実の変化に過ぎんからな。そこに素直に融け込むのじゃ。負けるべき時は負けるがよい。斬られるべき時には斬られてしまえ」

斬られるべき時には斬られてしまえ。勝軒は、この言葉を聞いて、何やら今までこわばっていた心が、解きほぐされたような気がした。

「『そこ』と『ここ』を分かつのと同じく、生と死も、分かつから恐ろしいのであろうか」

「そもそも、生と死を分けてなんの意味がある。それを分かとうと分かつまいと、死ぬ時は死ぬ。そこを分けて残るのは、苦しみや恐れだけではないか。そして、その苦しみや恐れは、まだ死んでもいないうちから、『死にたくない』『死なないためには』などと頭でっかちで余計な形を生む。そして、道理の自然な変化から人を引き離し、生を害する」

「つまり、生きて味わう苦しみは、所詮は自分が生むものということでござろうか」

「無論じゃ。心から決まりきった形さえ捨ててしまえば、世界はすでに自分のものなのじゃ。是か非か、好むか嫌うか、ものへの執着、こだわりからの停滞、こうした余計なものさえ捨てればな。人間は皆、これは辛《つら》い、これは楽しい、これが手に入った、これを失ったなどと、現実に勝手な線を引いて苦しんでいる。だが、そうした苦しみの世界を作っているのは、自分の心であることに気がつかなくてはいかん。天地がいかに広かろうと、それを眺めるのは常に自分の心。自分の心の外に天地はないのじゃ。辛くてよし、楽しくてよし、手に入れてよし、失ってよし、そんな天地を我がものとせよ」

「しかし、拙者の心はいまだその境地には遠い」

勝軒が思わず苦笑すると、古猫は言った。

「そんなことはないぞ。先人の言葉にこういうものがある。『眼裏に塵あれば三界《さんがい》窄《せま》く、心頭無事なれば一生寛《ひろ》し』と。眼に塵一つ入っただけでこの広い宇宙も狭くなるが、心にこだわりさえなければ、たった一人の人生も無限の広がりを持つ。そんな意味じゃ。よいか。誰の心も、もともとは道理に従って、安らかに変化するようにできておる。安らかに喜び、安らかに悲しむようにな。それが塵のようなささいなこだわり一つで塞がれてしまっておるだけなのじゃ。眼裏に塵あることを知っておれば、その塵を除くこともできよう」

勝軒は古猫の話を聞いて、まだ幼かった頃を思い出していた。ただ楽しくて山野を駆け回って遊び、転げてはその痛みに素直に泣いていた。

それがいつしか、世の習いや剣の学びを得て、安らかなる変化を受け入れなくなったことで、「三界窄《さんがいせま》く」なっていたのではないか。今まで抱えていた煩《はん》悶《もん》の根源は、塵に塞がれた己の眼にこそあったのやもしれぬ。

道理の姿を見つけ、妄想の夢から覚めよ

古猫を抱えて歩く勝軒の目に村の影が見えてきた。

「わしの村じゃ」

「貴殿の働きと有難い話の数々に、改めて礼を言わねば」

「礼などよい。話す成り行きになったから話したまでじゃ。じゃから、成り行きついでに言っておく」

「ぜひ、聞かせてもらいたい」

「かの聖人・孔子はこう言ったそうじゃ。『匹夫《ひっぷ》も志を奪うべからず』。たとえば、どんな巨大な軍があったとしても、その指揮権は奪うことができる。軍とその指揮権は別のものだからじゃ。しかし、人間は違う。たった一人の人間であっても、その意志を奪うことはできぬ。心は何があろうとその人間のものだからじゃ。じゃが、その自分の心も、迷えばかえって自分を苦しめる。自分のものだからこそ、自分の心は自分で解き放たねばならぬのじゃ」

「うむ」

「わしが言えるのは、このくらいのものじゃろう。あとは、自分の心を省みて、そこに答えを見つけるしかない」

「自分の心を省みれば、必ず答えはあるのだろうか？」

「無論じゃ。誰の心の内にも必ず道理はあるからな。わしも、結局のところは、言葉をもって説くことしかできぬ。自らの心の内の道理を見るのは、おぬし自身なのじゃ」

「なるほど、道理とは結局己で感じるしかないもの。拙者にもなんとなくわかってき申した」

「これは言葉による教えをないがしろにしろというのではないぞ。どんな優れた師にもそれを指し示す言葉は用意できないということなのじゃ」

「では、師の教えにはどのような意味があるのでござろうか？」

「教えとは畢竟《ひっきょう》、相手が自分で見ようとしない場所を指摘することじゃ。しかし、そこで何が見えるのかを師から伝えることはできぬ。教えることは容易《たやす》く、それを聞くことも容易い。難しいのは、その言葉を導き手として己の心に隠されたものを確かに見つけ、我がものとすること。禅ではこれを悟りの境地としているそうじゃ。悟りとは、妄想の夢が覚めることだという。ならば、心の内に道理の姿を見つけることもまた、妄想の夢から覚めることなのかもしれん」

ここまで言うと、古猫は腕の中からするりと下りた。

「ここまででよい」

「村までもうすぐだが」

「ちょっと歩きとうなった」

古猫はひとつ伸びをして、勝軒のほうを振り返った。

「雲行きもいよいよ怪しゅうなってきたようじゃ。わしは猫だから濡れるのもかまわんが、おぬしは困るじゃろう。今のうちに帰るがよい」

古猫が歩き出す。勝軒がその背中に声をかけた。

「何から何まで世話になり申した。お達者で」

古猫はそれに対して、尻尾を一振りしただけであった。

勝軒も踵《きびす》を返し、来た道を歩き始めた。しばらくして振り返ると、古猫の姿は見えなくなっていた。


屋敷までもう二、三町というところで、雨が降ってきた。

強く、大粒の雨が地面を叩く。勝軒は濡れながら歩き、雨の中に自分がいるのか、自分が雨と化しているのか、わからないような気持ちになっていた。

気がつくと提灯の灯は消えていたが、勝軒は足の向くまま歩き、屋敷の門をくぐった。

出迎えに出てきた白猫が言う。

「遅いお戻りでしたね。雨にも降られて大変でしたでしょう」

「うむ。拙者が居ぬ間に変わりはなかったか」

「はい。特にこれといっては」

勝軒が座敷に入って行灯《あんどん》の明かりの中で身体を拭いていると、何者かの気配を感じた。

見ると、部屋の端に昼間の大鼠がいる。雨宿りのために再び入ってきたのかもしれない。

勝軒は、もうそれを捕ろうとは思わなかった。

『猫の妙術』解説

『猫の妙術』と「老荘思想」

『猫の妙術』の著者、佚斎樗山《いっさいちょざん》は、父親の代から下総《しもうさ》国関宿藩（現在の千葉県野田市）藩主の久世家に仕えた人物で、著名な陽明学者である熊沢蕃山《くまざわばんざん》の影響を受けたと伝えられています。

佚斎樗山は、「談義本」の著者として知られています。

「談義本」とは、難しい中国思想（儒学や老荘思想。当時の武士の教養でした）をわかりやすく解説したもの。今で言うと、書店のビジネス書のコーナーなどにある『一冊でわかる〇〇』『ストーリーでわかる〇〇』みたいなものです。

『猫の妙術』は、その佚斎樗山の書いた『田舎荘子』の一話。『田舎荘子』の内容は、タイトル通り、中国の哲学書である『荘子』の教えがベースになっており、『猫の妙術』にも、その思想が随所に盛り込まれています。

『荘子』は、その名の通り『老子』とともに「老荘思想」の源流となった本。中国最大の古典の一つです。

そこで、簡単に「老荘思想」についても触れておきましょう。それを知ることで『猫の妙術』への理解は一層深まります。

「老荘思想」は老子と荘子という二人の人物の思想をまとめてそう呼びます。

時代的には老子が先だとされ、実在したかどうかを含め諸説がありますが、紀元前六世紀頃の人物と言われています。その教えは、その名も『老子』という書にまとめられました。

その思想を一言で表すと「無為自然」。漢字の意味そのままで読めば、何もなさず、あるがままでいることです。

これは、知識、学問、欲望、技術、道徳、法律など、文明や文化に関わる一切の人為をなくして、生きるのが一番だという思想。

知識や文化があるからこそ、「あるがまま」を離れて、この世に「善悪」「貧富」「美醜」などの対立や差別が生まれる、というのが老子の考え方です。

老子は、この世の万物、すべての現象を生み出すものを「道」と呼びました。

この「道」こそ、この世の「あるがまま」を作り出すもの。そして、「無為自然」という生き方の目的は、そんな「道」の「あるがまま」「自然」に寄り添って生き、苦しみのない人生を送ることなのです。

それは、『老子』に記された、

「大道廃《すた》れて仁義あり（「道」が廃れたところに限って、わざとらしく愛や正義が叫ばれる）」（第十八章）

「学を絶てば憂いなし（学問をやめれば、余計な心配もなくなる）」（第二十章）

「足るを知るの足るは、常に足る（余計なものを求めず満足すれば、常に満足していられる）」（第四十六章）

などの言葉や、国はできるだけ少ない人々で営み、余計な文明の利器を用いず、隣国のことも気にかけず静かに暮らすべきだという「小国寡民」（第八十章）の教えに表れています。

余談ですが、日本酒の名前にもなっている「上善如水」も老子の言葉（第八章）。「最上の善は、水のように、あらゆるもののためになりつつも、自らは最も低い位置にいる、その姿にある」という意味です。

一方、荘子は、老子の「道」という考え方を出発点にしながら、より個人の生き方に焦点を当てた点に特徴があります。その考え方は『荘子』という書にまとめられました。

彼の教えを最も端的に表しているのが、「万物斉同《ばんぶつせいどう》」という言葉。「すべてのものは同じものだ」という意味です。

荘子は、生きていて目にするすべてのものは、「道」の表れに過ぎない、と考えました。簡単に言えば、全部「道」。自分も「道」、他人も「道」、金も「道」、会社も「道」、サンマの塩焼きも実は「道」、すべては同じで一体なのです。それが別々の物体や現象に見えるのは、人間の勝手な決めつけ、妄想。ならば、そこから目覚めて「道」と溶け合って軽やかに生きていこうというのが、荘子の教えです。

「物は彼に非《あら》ざるは無く、物は是に非ざるは無し（万物は「あれ」と同時に「これ」である）」（斉物論篇第二）

「天下に秋毫《しゅうごう》の末より大なるは莫《な》く、大山も小と為《な》す。殤子《しょうし》より寿なるは莫く、彭祖《ほうそ》も夭《よう》と為す。天地も我と並び生じて、万物も我と一為《た》り（この世に獣の毛の先ほど大きなものはなく、それに比べれば千五百メートルの泰山など小さなものだ。幼くして死んだ子供ほど長生きなものはなく、それに比べれば八百歳まで生きた彭祖も若死にだ。天地も私もお互いがあるからこそあり、この世のすべては私と一つなのだ）」（斉物論篇第二）

「聖人は将《まさ》に物の遯《のが》るるを得ざる所に遊びて皆な在らしめんとす。夭《わか》きを善しとし老いを善しとし、始めを善しとし終わりを善しとす（聖人はすべてを包み込む境地に遊んで、一切をあるがままに肯定する。早死にをよしとし、長生きをよしとし、生まれるのをよしとし、死ぬのをよしとする）」（大宗師篇第六）

本文を読んだ皆さんはお気づきのように、この「万物斉同」は、『猫の妙術』の根幹となる考え方です。では、この「万物斉同」の教えが、いかに剣術の教え、心の教えに昇華しているのか？　ここで本書の内容を振り返ってみましょう。

新釈『猫の妙術』ガイド

ここからは、古猫の教えをよりわかりやすくガイドしていきます。

物語は前半と後半で、テーマが分かれています。

三匹の猫が大鼠に負けた理由を古猫が指摘し、それぞれに何が欠けていたのかを諭していく前半は、「勝つための方法」。勝軒が剣の奥義について古猫に教えを乞う後半は、「勝とうとしないこと」がテーマになっています。

一見すると「勝つための方法」と「勝とうとしないこと」では、矛盾した考えのように思えますが、両者はまったく同じ一つの考え方の表れなのです。

それは老荘思想の「無為自然」「万物斉同」という思想を背景にしていますが、まずは、前半で古猫が三匹の猫に説いていることを、順を追って解説していきましょう。

三匹の猫はなぜ負けたのか

では、まず前半の「勝つための方法」のパートについて考えてみましょう。

技に優れた黒猫、気を備えた虎猫、心の扱いに長《た》けた灰猫。三匹は自分たちが身につけた鼠捕りの必勝法を勝軒に語りながらことごとく敗北してしまいます。

では、三匹の何が良くなかったのでしょう。古猫の指摘をまとめると次のようになります。

〈黒猫の場合〉

・技のみに専心していた。

・技の表面だけを会得し、その奥にある「道理」を得ていなかった。

〈虎猫の場合〉

・気だけで相手を制することができると思い込んでいた。

・大鼠が気に勝る相手であり、そのような相手がいることを想定していなかった。

・虎猫が身につけていた気は見せかけのもので、「浩然の気」ではなかった。

〈灰猫の場合〉

・和する心に「作為」があった。

では、三匹の敗因と、どうすれば勝つ方法が身につくのか、具体例で見ていきましょう。

「無限」に対応できる「技」でなければ勝つことはできない

黒猫はたくさんの「技」を習得していましたが、「技」は言ってみれば一つの型（パターン）に過ぎません。

しかし、直面する人間や物事、状況が変わることで現実には無限のパターンが生まれます。その無限のパターンに一つ一つ決まりきった「技」で対応しようというのは、どだい無理な話です。

このことは、たとえばコミュニケーションでも同じことが言えます。

コミュニケーションで人間関係を良くするためには、接し方や話し方などいろいろなコツがあります。それはある意味で「技」と言ってもいいでしょう。

しかし、相手によってはそうした技が通用しないことも多々あります。

それもそのはず、私たちが日々出会う人たちには、性格や思考において、まさに無限のパターンがあるからです。だからこそ、自分ではテッパンだと思っている会話のネタが通用しなかったり、思ってもみなかったことで相手の逆鱗に触れてしまったりするのです。


これが「現実の無限には、こちらも無限で応じねばならぬ」という理由。

黒猫に欠けていたのは、技ではなく「無限」に対応するための「道理」なのです。

古猫は、「技」には本来その「道理」が含まれている、と言います。

それも、長い間伝えられてきたような古くからあるシンプルな技ほど、無限に対応できる「道理」が含まれているのだと説きます。技の修行とは、その「道理」の習得のためのものであり、表面的な所作を身につけるのは、そのための過程に過ぎないのです。

たとえば、コミュニケーションの技に、「相手の目を見て会話する」というものがあります。これは古くからあり、とてもシンプルな「技」だと言えるでしょう。古猫の説くことに照らし合わせれば「相手の目を見て会話する」という所作にも、人間関係における「道理」が含まれていることになります。

では、その「道理」とは何なのでしょうか?

それはおそらく「相手を尊重する」という感覚でしょう。これが言うなれば、コミュニケーションの中の「道理」です。この道理が心にあれば、どんな現実の変化にも対処を間違えることはなくなるはず。

逆に目を見て話していても、「相手を尊重する」という感覚がなければ、相手が不快に感じるケースが出てきます。所作だけにとらわれていると、そうしたことが起こるわけです。

また、極端な話をすれば、相手を尊重する感覚を常に自分が持っていれば、相手の目など見なくても人間関係を良くすることはできるのです。

もちろん、道理というのは、本文にもあったように言葉にはしがたいもの。この場合の「相手を尊重する」というのも道理の表層の一片を仮に言葉にしたものに過ぎません。所作を身につけ、習得することでもっと深い道理が見えてくることでしょう。

とにかくこうした「道理」を「技」の習得と実践の中で感じて、心に常にある状態を作ってさえおけば、細かいテクニックをあれこれ増やさなくても、その場に則した技を的確、且つ、ごく自然に選んで使うことができます。

そうなれば、技の型などに執着する必要もなくなります。むしろ、マニュアルやセオリーにないような技だって現実に応じて心の中から自然と生まれてくる。これが古猫の指摘なのです。

たとえば、無限のパターンが存在する人間関係においては、目を見て話しかけられることを嫌う人もいます。そんな時も、道理に従っていれば、自然と別の所作が生まれるのです。

これは、ネズミを捕る、人を斬る、コミュニケーションだけに限らず、現実への対処全般に通用する教えです。

「浩然の気」とは何か？

次に、虎猫の敗因ですが、その一つは「気」が相手を圧倒するためのものだと勘違いをしていたことです。

再びコミュニケーションで例えるなら、虎猫は、勢いで相手を巻き込む会話をする人、と言ったところです。

たしかに、相手を「気」で制することができれば、小賢《こざか》しい技は必要ないかもしれません。

しかし、それだけでは、一層強い「気」を持った相手には敵わないのです。

たとえば、こちらがいくらまくし立てて喋っても、相手がそれを上回る勢いで話してきたらどうでしょう。圧倒されてしまって、普段は気で勝っている勢いで滑らかに回る舌も、ひきつって動かなくなるのではないでしょうか？

つまり、気で気を上回ろうとしてもキリがない。必ず自分より強い気を持った相手はいるからです。

古猫は、こうした「気」について「道理にかなった気ではない」と喝破《かっぱ》し、身につけるべきは「浩然の気」だと説きました。

「浩然の気」というのは、儒教の中国古典『孟子』にある言葉で、そこでは次のように説明されています。

浩然の気というのは、何物よりも大きく、どこまでもひろがり、何物よりも強く、ちっともたわみかがむことなく、まっすぐに育ててじゃまをしないと、天地の間にいっぱいになる。また、この気というのは、義と道とから離れることはできない。もし分離すると飢えて気は死んでしまう。浩然の気は、義をおこなったのが積み重なって発生したものであり、義が浩然の気を突発的に取り込んだのではないのである。（中略）浩然の気を養うことにつとめねばならないが、それだけに専心してもいけない。そのことを心から忘れてもいけない。外から手を貸して、無理に生長させてはいけない。

『孟子』公孫丑章句上　貝塚茂樹訳

壮大な話です。ややわかりにくくもあります。

そこでもう少しわかりやすく「浩然の気」を紐解《ひもと》いてみましょう。

注目したいのは、「浩然の気は、義を行ったのが積み重なって発生したもの」という部分です。「義を行う」というのは、道理にかなった正しい行いをするということです。

つまり、道理にかなった正しい行いをしていれば、浩然の気は自然と生まれるものだということ。反対に言えば、「義が浩然の気を突発的に取り込んだのではない」、つまり、正しい行いをするために、浩然の気をわざとらしく利用するわけではない、ということです。

身近な例を挙げてみましょう。

目上の人や大勢の前で話す時に緊張してしまう人は多いでしょう。そんな時、やってはいけないのが「自分は緊張なんかしていない」と思おうとすることです。これはわざと「気」を強く持とうという行いで、古猫に言わせれば間違いなのです。

よく、目の前の人をジャガイモやカボチャだと思うという方法も言われますが、これなど直面した「ありのまま」を受け入れられていませんし、「人前が怖い」という自分自身のことも受け入れられていません。

逆に、アスリートなどを指導するメンタルトレーニングの世界では、自分のメンタルの状態をごまかさないことが大切だと言われています。

頭でいくら「緊張していない」「自分はできる」と思い込もうとしても、体は気持ちを正直に反映してしまい、カチカチになった体の感覚がさらに気持ちを緊張させてしまいます。

そこで有効だと言われているのが、「今、自分は緊張している」と口に出して、現実を受け入れてしまうこと。すると、焦りでいっぱいになっていた気持ちに余裕が生まれ、自然と目の前のことに集中できるようになるのだそうです。

つまりは、目の前の現実も緊張する自分も、なるべくしてそうなっています。ならば、それを受け入れて自然に対処することこそ、気持ちを安らかに保つ「正しい行い」なのです。

そして、良いこと、悪いことすべてを受け入れ、現実と一体化するようにふるまえば、自分の気もまた、現実と一体化した巨大なものとなっていく。これこそ、「浩然の気を養う」ということです。

さらに古猫は、「窮鼠《きゅうそ》猫を噛む」の格言を引き合いに出し、「この必死の境地こそ、浩然の気の好むところの一つ」だと説きます。それはなぜか？必死になっている時には、自分の置かれた状況も気持ちもごまかす暇がないために、自然とふるまいが現実と一体化するからです。

誰しも、いきなり顔めがけてボールが飛んできたら、咄嗟《とっさ》に体を守る行動をとるし、熱い鉄板に手が触れれば、手を引っ込めます。

この時、頭でああしよう、こうしようと考えません。ごく自然に、しかし、必要な速度で反応しているはずです。つまり、この境地から生まれ出る技には作為がないために、自然と「道理」にかなうのです。

そして、この境地は、次の灰猫への指摘にもつながっていきます。

「作為」をなくす二つの段階

灰猫の敗因をその言葉から振り返ってみましょう。

「自らのこうしよう、ああしようという考えを捨て、無心で相手に応じて調和します。（中略）応じることを第一とし、形をなくし、相手が押さば退き、退かば押す。仮に相手が強く押してくれば、その分だけ退いて寄り添ってしまえばよいのです。こうした流れの中で、自然と鼠が自分から捕らえられに来るのを待つ。これが、私の術」（六十九〜七十頁）

無心で相手に応じる。これは、「道理」にかなった境地のようですが、古猫はそれを「真の調和」「真の無形」ではないと一蹴します。

そこで説かれるのが「念（考えること）」と「感（感じること）」。灰猫は、「調和しよう」「形をなくそう」と努めていました。しかし、そこには「そうしよう」とする意思、すなわち「念」があったのです。

「念」があると、相手に不自然さを感じ取られ、警戒されたり、先手を打たれたりします。

しかし、「感」から発せられるものには、そうした不自然さがないので、道理にかなった結果が得られるのです。

古猫は、「考えず、しようとせず、ただ心の『感』に従って動くのじゃ」と言います。

これには、具体的に考えれば二つの段階があるでしょう。

まず一つ目の段階が、技を繰り返し練習することで、その技が意識しないでも出るような段階。どんな物事でも経験することだと思いますが、初めのうちはいちいち思い出しながら行っていた動作でも、それを繰り返すうちにいつの間にか自然にできるようになっているもの。こうしたことは、料理でもレジ打ちでも野球のバッティングでも起こることでしょう。

そして二段階目。これは百十六頁から始まる黒猫の技の解説でも触れましたが、技の習得をするうちに、より本質的な道理が身につき、どんな現実を目の前にしても、自然と適切な技が心から湧いてくる。そんな段階です。

どんな分野でもそうですが、最も優れた人の定義の一つとして、「経験のない未知の事態に対処できる」ということが挙げられます。これは世の中にいる、何かに優れた人を思い浮かべれば、納得がいくと思います。

では、彼ら彼女らは、なぜそういうことができるのか。それは「道理」が身についているからです。つまり、技の実践を通じて、その奥にある原理原則や現実の本質を見通す心を身につけたために、初めて目にする事態にも、自然と適切な対処ができるのです。

そして、この段階になってくると徐々に「これでダメなら、しょうがない」という現実に対する受容もまた身についてきます。要は、うまくいく時はうまくいくし、ダメな時はダメ。このように道理を通じて現実を見切れば、その余裕が、ますます大きな浩然の気を生み、「感」に従った技をのびのびと出させるのです。

こうした「感」を働かせる心は、性格や才能ではありません。技の修練を積むことで着実に身につくものなのです。古猫の言葉を見てみましょう。

「道理」は、「技」と一貫している

「道理と技は一貫したものじゃ。真なる技が道理から生まれるように、道理もまた技の修練から窺うべきもの。おぬしらが技の修練に励むのも当然のことよ」（七十三頁）

武芸の達人も、世界的なアスリートも、神業を振るう大工も、最初はテクニックを学んだのです。それが、いわゆる達人の域に達するとそれぞれのジャンルで無限に対応できるような「道理」を身につけていきます。

しかし、「道理」そのものは目には見えません。

それを知るためには、「道理」が現実に表れた姿である「技」から感じていくしかないのです。

どんなことでも、真剣に技を修行すれば、それを通じて必ず道理の姿が心に明らかになってきます。そして、その心の中の道理が現実に対して、自然に応じてくれるようになるのです。

ちなみに、一つのジャンルで得た道理は、他のジャンルと向き合う際にも応用が利きます。道理は究極において森羅万象の道理だからです。

たとえば、高い境地にある剣豪や高僧が、書や絵画など、アートの世界でも活躍することがあります。それは自身の専門分野を学んで得た「道理」が活かされているからなのです。

さらに、本文で古猫は、「それで勝てぬ時は、どうせ考えたところで勝てやせぬ」と言っています。これこそ「勝つために」というレベルを超えていくためのキーワード。『猫の妙術』と『荘子』に共通して説かれる人生の秘密だと言えるかもしれません。

現実に対して必勝を期すことこそ妄想の根源。勝つことも負けることもあるのが本当なのです。ならば、「道理」に従い、勝つべき時に勝ち、負けるべき時には負け、それを受け入れる。これこそが『猫の妙術』の目指す最高の境地なのです。

すべてが一貫した先にある境地

古猫は三匹の猫への教えの締めくくりに、こうした境地へ達した隣村の猫の話を語ります。

「あの猫は己を忘れ、周囲を忘れ、己と周囲の境すらなくなっていた。『神武は殺さず』と言う。死ぬべき敵は殺すまでもなくして死ぬからじゃ。あの猫の境地こそそれじゃろう。鼠は消えた。あの猫が捕ったのでも、鼠が捕られたのでもない。単に鼠は消えるべくして消えたのじゃ」（七十七頁）

これは、『荘子』の「木鶏《もっけい》」という話がベースになっています。短い話なので抜粋してみましょう。

紀渻子《きせいし》が王のために闘鶏を飼育していた。十日すると、王がたずねた。

「鶏《とり》はもうできたか」。

紀渻子「まだです。まだ虚勢を張って強ぶっています」。

十日すると、またたずねた。

紀渻子「まだです。まだ他の鶏の声や影に身構えています」。

十日すると、またたずねた。

紀渻子「まだです。まだ他の鶏をにらみつけて、気負いたっています」。

十日すると、またたずねた。

紀渻子「もう大丈夫です。他の鶏が鳴いても、動じなくなりました。遠くから見ると、まるで木彫りの鶏のようです。その持ち前は完璧になりました。他の鶏で相手になろうとする者はなく、しっぽを向けて逃げ出すでしょう」。


『荘子 外篇』達生篇 福永光司・興膳宏訳

武も極めれば、自身が何をしようとせずとも結果はおのずと出る。ここにあるのは、そうした境地です。

じつに神がかった教えに思えますが、この境地に至るためにはどうすればいいのか？

その答えが後半の教え、つまり「勝とうとしないこと」になります。

「勝ちたがる自分」を殺す

本文中、勝軒は、過去の出来事や兄弟子への憧憬もあり、「勝つこと」にこだわっています。

現代でも同じような気持ちを抱えている人は多いのではないでしょうか。勝軒のように刀を振るうわけではありませんが、人生というものは戦いの連続です。

仕事で結果を出したい、テストで良い点が取りたい、彼氏彼女が欲しい。こうした思いは、「結果を出したい」という意味では勝軒と同じように「勝ちたがっている人」だと言えます。ところが、結果を出そうと、「勝ち」にこだわればこだわるほど、物事が思ったように運ばず、より自分を苦しめることになる。

それはなぜなのでしょう？

キーワードは「こだわり」です。

> 「とにかく勝ち負け、生き死に一切のこだわりを捨てよ、と」
> 「そうじゃ。だが、こだわらぬことにこだわってもいかん」（八十九頁）

古猫は、「勝ち」にこだわる勝軒に対し、勝ち負けのみならず生死に至るまで、一切のこだわりを捨てるよう説き、この世の物事の本質はすべて「変化」だと説きます。

「(中略)この変化が留まった時、気もまたそこに留まり偏る。気が偏れば、身体も自在には動かなくなるのじゃ。何かに気を使ったと思えば必ず過剰になり、気を使わぬところでは、必ず不足となるじゃろう。気が過剰なところでは、他のものが目に入らず、自分の動きを自分で止められぬほどになる。気が不足したところでは、注意も散漫になり、動きも弱々しく役に立たなくなる」(九十~九十一頁)

歩きスマホでの事故がわかりやすい例でしょう。スマホに「気が留まり偏る」から、「気を使わぬ」車や自転車、人に注意が払えず事故が起きる。寸前で車に気づいても咄嗟に動けない。つまり「動きも弱々しく役に立たなくなる」状態になっていると言えます。

プライドが邪魔して事がうまく運ばない。お金を得ることに頑張り過ぎて家族や友人との関係がおかしくなる。そんなふうに何かにこだわってとらわれてしまうと、必ず偏りが生まれてしまいます。

剣の勝ち負けも、物事の出来不出来も移り変わる「変化」の一環です。そこにこだわって留まってしまえば、三匹の猫に対する教えにあったように、やることなすことに「念」が入り込み、どんどん現実と理想のギャップに押しつぶされていってしまいます。

だからこそ、勝軒が悟るように「大切なのは、何が起ころうと柔軟に変化する心の在り方」なのです。この在り方は『荘子』でも次のように説かれています。


名声の権化《ごんげ》となるな、策謀の宝庫となるな、事業の責任者となるな、知恵の主催者となるな。窮まりない道とどこまでも一体化して、形のない世界に遊び、天から受けたものを十分に全うして、それ以上を得ようと思うな。要は己を虚しくするに尽きるのだ。至人の心のはたらきは、さながら鏡のようで、去る者は去るにまかせ、来る者は来るにまかせ、すべてに対応しながら、その跡をとどめない。だからあらゆる存在によく対処して傷つくことがない。

『荘子 内篇』応帝王篇 福永光司・興膳宏訳

「己を虚しくするに尽きる」というのは原文では「虚ならんのみ」となっていますが、要は「なんでも受け入れられるように空っぽになれ」という意味です。「誰かによく思われたい」という欲で動いたり、「うまくやってやろう」と下手な知恵を働かせたりさえしなければ、素直に物事に対処することができ、出た結果にいちいち苦しむこともないということです。

物事の「とらえ方」の枠組みを外す

しかし、勝ち負けや出来不出来にこだわらないというのは、頭では理解できても、そういう自分になるのは難しいものです。
では、どうすればそうなれるのでしょう？
「勝とうとしない」ためにはどうすればいいのでしょうか？
それには、そもそもの物事のとらえ方を変えればいいのです。

古猫は、物事のとらえ方を次のように語ります。

「すべて心の形は妄想じゃ。上も下もなく、良いも悪いもなく、重いも軽いもなく、自分も相手もない。本来一つに融け合って道理に従い移りゆく現実を、勝手な形でとらえておるに過ぎんのだ」（九十七〜九十八頁）

古猫は勝軒に「ここ」と「そこ」について語り、勝軒も「強さ弱さや勝ち負けも心の形が勝手に作るもので、それ自体に実体はない」という物事のとらえ方を実感し始めます。

古猫はこの世のすべてをそのようにとらえているわけですが、まずはもう少し狭い範囲でこうした物事のとらえ方をするだけでもいいのです。それだけで、自分を取り巻く風景が変わってきます。

たとえば、仕事で職場の同期に負けたくないなら、「同期との勝ち負け」という枠組みを外して仕事をとらえてみるのです。

そして、移りゆく現実をありのままに眺め、自分がそれにどう反応するのかをゆったりと観察する気持ちを持つ。自分の中の「道理」が何をするのか、その一挙手一投足を楽しむのです。

それで、結果的に評価がついてくれれば、それもいいですし、評価されなければそれもいいのです。

いきなりこの世の物事すべてを「一つ」だと悟る必要はありません。たとえば、自分の中の一番大きな悩みに対するとらえ方を変えるのは難しいでしょう。そうであれば、まずは自分の中にある少し小さな悩みから枠や尺度を外して、移りゆく現実を体感してみるのです。

そうやって、少しずつ物事のとらえ方の枠組みを減らしていけば、自分が持っている一〇〇の枠組みが、九〇、五〇、一〇となくなっていくでしょうし、ついには「一」の境地に到達するかもしれません。

多くのものをありのまま受け入れられるようになれば、心を不自然にこわばらせることもなくなり、物事に対処するベストな技が出るようになる。もちろん、そのベストというのは、「成功」や「勝利」などという安っぽいベストではありません。現実とベストマッチし、安らかな気持ちになるような本当のベストの技なのです。

「一」で物事をとらえれば人生の苦しみもなくなる

古猫はまた次のように言っています。

「心から決まりきった形さえ捨ててしまえば、世界はすでに自分のものなのじゃ。是か非か、好むか嫌うか、ものへの執着、こだわりからの停滞、こうした余計なものさえ捨てればな。人間は皆、これは辛い、これは楽しい、これが手に入った、これを失ったなどと、現実に勝手な線を引いて苦しんでいる。だが、そうした苦しみの世界を作っているのは、自分の心であることに気がつかなくてはいかん」(百頁)

何かが辛い、苦しいと感じるのは、自分自身が物事を「ここ」と「そこ」に分けるように「辛いこと」「苦しいこと」と「嬉しいこと」「楽しいこと」に分けて執着してしまうからです。

道理の真実から見れば、辛いことや苦しいことも、特定の立場から物事を見た場合に現れる錯覚に過ぎません。そして、もっと言えば、その錯覚すら永遠のものではありません。現実の変化の中で、いつの間にか嬉しいことや楽しいことは、辛いことや苦しいことと入れ替わっていたりするのです。

つまり、万事は移ろう。現実の本質とはそういう「変化」なのだと思えば、特定の物事にこだわり過ぎて心を留めることの無意味さが実感できてくるのではないでしょうか。

さらに『荘子』では、生と死についてのとらえ方について以下のように言及されています。これこそが『猫の妙術』の死生観の根底にあるものです。

生は死の仲間であって、死は生の始まりだ。生と死のけじめは誰にも分からない。人間の生命は、気の集積から成る。気が集まれば生となり、気が散らばれば死となる。もし死と生とが仲間なのなら、我々は何も悩むことはないはずだ。かくて万物はもともと一つのものだ。

『荘子 外篇』地北遊篇 福永光司・興膳宏訳

よく高齢の方が、自分の死について冗談のように笑いながら話すことがあります。

若い人からしたら笑っていいのかわからず困ってしまうブラックジョークだったりしますが、それを言えるのは、長い人生を経て、生きるからこそ死に、死ぬからこそ生きている、つまりは生死は一体であるという古猫や荘子が説く境地に達しているからなのかもしれません。

狭い物事のとらえ方から脱却し、すべての現実を一つの雄大な道理の流れとしてとらえる。

究極的には、自分の生き死にすらもそんな流れの一部だと悟る。そう考えた時、その流れに逆らって「勝とうとすること」がいかに無意味なことか。

そんな視点を持てた時、自分の心でそれを実感できた時。浩然の気が湧き、焦らずとも巧まずとも、体は自然とあるべき様に動いているはず。そうなれば、世界は自分のものなのです。

「言葉」から「道理」を会得する

最後に、古猫は「教えを学ぶこと」について語っています。

> 「教えとは畢竟、相手が自分で見ようとしない場所を指摘することじゃ。しかし、そこで何が見えるのかを師から伝えることはできぬ。

教えることは容易く、それを聞くことも容易い。難しいのは、その言葉を導き手として己の心に隠されたものを確かに見つけ、我がものとすること。禅ではこれを悟りの境地としているそうじゃ。悟りとは、妄想の夢が覚めることだという。ならば、心の内に道理の姿を見つけることもまた、妄想の夢から覚めることなのかもしれん」（百三頁）

この部分、『猫の妙術』の原文では、「自得」「以心伝心」「教外別伝《きょうげべつでん》」という言葉を使って説かれています。

「自得」とは、自ら悟ること、自ら会得すること。

「以心伝心」とは、言語では表されない真理を弟子の心に伝えること。

「教外別伝」とは、仏の悟りは経文に説かれるのではなく、心から心に直接伝えられることを指します。どれも禅の言葉です。

大切なのは、教えを聞いてわかったような気になるのではなく、教えの伝えるところを自らの心の中で実感すること。

心とは絶対に自分の心なのであり、世界とは絶対に自分にとっての世界なのです。ならば道理を悟って自分をなくし、世界を自分のものとするのもまた、絶対に自分自身でなければなりません。

現実を刻一刻と動かしていく「道理」という不可思議な本質は、生まれた時から、我々の心の底に静かに存在しています。

なぜなら、我々もまた現実だからです。

あとはそれを見据えられるのかどうか。

本書にある古猫の言葉たちは、きっとそのための導き手になってくれるはずです。

生き方としての『猫の妙術』——文庫版あとがきにかえて

拙著『新釈　猫の妙術』が発刊されて、一年半ほどの間、読者から多くの反応をいただきました。そこで改めて認識したのは、やはり『猫の妙術』は、武術論、技術論としてだけではなく、人生論としても優れているということです。

そこで、今回の文庫化にあたっては、『猫の妙術』を人生論としてどう活かすのか、について、著者が気づいたこと、考えたことを皆様と共有できればと思います。

何かのヒントになれば幸いです。

我々が人生について論じるとき、しばしば次のような言葉が出てきます。

「主体性を持って生きろ」

「人生の主導権を握れ」

「何事も強い意志を持てば乗り越えられる」

これらの言葉は、我々は自分の心掛け次第で、人生を自由にコントロールすることが可能だ、という強い信念のもとに言われています。

ただ、そうした価値観にこだわりすぎ、しがみついてしまうと、逆に生きづらくなってしまうのが、現実ではないでしょうか。

なぜなら、「人生の主導権」とはありもしない幻想であり、「何事も強い意志を持てば乗り越えられる」という言葉は、端的に言えばウソだからです。

「状況？　状況がなんだ。私が状況を作るのだ」と雄々しく言った英雄・ナポレオンだって、結局はセントヘレナ島に幽閉される状況になりました。もちろん、彼の意志の力が不足していたのではありません。

人生とは、もともとそういうものなのです。

はっきり言ってしまえば、人間とは、現実における出来事の連続と無限の変化に流されていくだけの存在です。

その真実を見つめず、意志の力で現実の流れをコントロール出来るかのように思うから、それが出来ない自分に苦しむわけです。

では、現実という大きな流れの中で、我々はどう生きるべきか？

その問いに一つの答えを示してくれているのが、この『猫の妙術』という本なのです。

古猫ならば、きっとこう言うでしょう。

「流されてしまえ」

人は水の流れに落ちたとき、慌てて暴れるからこそ、かえって溺れてしまうのだと言います。むしろ、ただ静かに息を吸ってじっとしていれば、自然と体は浮いてくる。『猫の妙術』流に言えば、本来身体の奥底には水に浮くための道理が備わっているのであり、それを邪魔さえしなければ勝手に体は浮いてくるわけです。

これは人生でも同じことでしょう。

我々の身体の奥底には、もともと生きるための道理が備わっています。放っておけば、勝手に自分らしく生きるのです。それを、周囲にあおられて、身の丈に合わない行為、自分らしくもない選択をするから、現実という大きな流れの中で溺れて苦しむことになるのです。

ならば、現実に対して流されまいとするのではなく、思い切って流れに身を任せてしまうこと。

大事なのは、「なせばなる」というウソを信じることではなく、「なしたってならない」という事実を見つめ、「なるようになる」と思って生きることです。

これは、努力する気持ちや強い意志を放棄しろということではありません。努力する気持ちや強い意志は、余計なことを考えずとも、湧くべきときにはちゃんと湧いてくるものなのです。あるいは焦りとともに、あるいは高揚感とともに。きっと、そのときが来れば、いてもたってもいられなくなるはずです。

つまりは、状況がそうなれば、自然と、道理とともに身体は動く。それまでは静かに待つこと。流れる水に落ちたときのように。

古猫なら、人生について、きっとそんなふうに言うと思います。

高橋　有

二〇二〇年八月

〈主な参考文献〉

『天狗芸術論・猫の妙術　全訳注』石井邦夫訳注（講談社学術文庫）
『新　日本古典文学大系八一　田舎荘子』中野三敏校注（岩波書店）
『荘子　内篇』福永光司・興膳宏訳（ちくま学芸文庫）
『荘子　外篇』福永光司・興膳宏訳（ちくま学芸文庫）
『ビギナーズ・クラシックス 中国の古典　老子・荘子』野村茂夫訳注（角川ソフィア文庫）
『世界の名著3　孔子　孟子』貝塚茂樹訳（中央公論社）
『易経』上下　高田真治・後藤基巳訳（岩波文庫）
『気の思想』小野沢精一・福永光司・山井湧編（東京大学出版会）
『叢書江戸文庫十三　佚斎樗山集』高田衛・原道生責任編集　飯倉洋一校訂（国書刊行会）

＊本書は、二〇一八年に当社より刊行した著作を文庫化したものです。

草思社文庫

新釈 猫の妙術
武道哲学が教える「人生の達人」への道

2020年10月8日　第1刷発行

著　　者　佚斎樗山
訳・解説　高橋 有
発 行 者　藤田 博
発 行 所　株式会社 草思社
〒160-0022　東京都新宿区新宿 1-10-1
電話　03(4580)7680(編集)
　　　03(4580)7676(営業)
　　　http://www.soshisha.com/

本文組版　横川浩之
印 刷 所　中央精版印刷 株式会社
製 本 所　中央精版印刷 株式会社
本体表紙デザイン　間村俊一

ISBN978-4-7942-2475-0　Printed in Japan

草思社文庫既刊

高橋健太郎
鬼谷子
中国史上最強の策謀術

異端の書として名高い中国古典『鬼谷子』は、孫子に兵法を授けたとされる鬼谷の思想をまとめた書である。時には道徳すら武器として用いて、強者を思いのままに動かす、その恐るべき技術をひもとく。

宮本武蔵　大倉隆二＝訳・校訂
決定版　五輪書　現代語訳

最も古く、最もオリジナルに近い、福岡藩吉田家伝来の書を底本にした、原典に忠実な「五輪書」の決定版。剣豪・宮本武蔵の兵法の奥義と哲学が、時代を超えて現代によみがえる。

小林信也
宇城憲治師に学ぶ心技体の鍛え方

伝統的な武術の発想、実践法でスポーツのみならず、現実のあらゆる局面で、内面の力を最大限に発揮することができる。六百年の伝統をもつ古伝空手、宇城師範の明快で深遠な教えの数々がここにある。

草思社文庫既刊

かたき討ち
復讐の作法
氏家幹人

自ら腹を割き、遺書で敵に切腹を迫る「さし腹」。先妻が後妻を襲撃する「うわなり打」。密通した妻と間男の殺害「妻敵討」…。討つ者の作法から討たれる者の作法まで、近世武家社会の驚くべき実態を明かす。

江戸人の性
氏家幹人

衆道、不義密通、遊里、春画…。江戸社会には多彩な性愛文化が花開いたが、その背後には、地震、流行病、飢饉という当時の生の危うさがあった。豊富な史料から奔放で切実な江戸の性愛を覗き見る刺激的な書。

江戸人の老い
氏家幹人

脳卒中による麻痺と闘った徳川吉宗。家族への不満を遺書にぶちまけた文人鈴木牧之。散歩と社交を愉んだ僧敬順。三者の生き様から普遍的な老いの風景が浮かび上がる。

草思社文庫既刊

野口武彦
幕末不戦派軍記

慶応元年、第二次長州征伐に集まった仲良し御家人四人組は長州、鳥羽伏見、そして箱館と続く維新の戦乱に嫌々かつノーテンキに従軍する。幕府滅亡の象徴する〝戦意なき〟ぐうたら四人衆を描く傑作幕末小説。

野口武彦
幕末明治 不平士族ものがたり

明治という国家権力に抗い、維新のやり直しに命を捧げた男たちの秘史。挙兵を企てた旧会津藩士と警察官との激闘「思案橋事件」、西南戦争での西郷隆盛の最期を巡る一異説「城山の軍楽隊」など八編。

野口武彦
異形の維新史

戊辰戦争で官軍に襲われた貴婦人の哀しい性「軍師の奥方」、岩倉使節団の船内で起きた猥褻事件を伊藤博文が裁く「船中裁判」、悪女高橋お伝の「名器伝説」など七編。維新の知られざる暗部を描く傑作読み物。

草思社文庫既刊

山岡淳一郎
勝海舟 歴史を動かす交渉力

西郷隆盛との交渉に成功した江戸無血開城を筆頭に、日本の大転換点において、つねに時代の大局を見据えつつ歴史の歯車を動かした勝海舟のドラマチックな軌跡。その辣腕の交渉力が、いまこそ求められている。

工藤健策
戦国合戦 通説を覆す

なぜ、幸村は家康本陣まで迫れたのか？なぜ、秀吉は毛利攻めからすぐ帰れたのか？地形、陣地、合戦の推移などから、川中島から大坂夏の陣まで八つの合戦の真実を読み解く。戦国ファン必読の歴史読物。

渡邊大門
光秀と信長
本能寺の変に黒幕はいたのか

光秀の決断にはどのような背景があったのか。そこには朝廷や足利義昭の策謀はあったのか。豊富な史料を縦横に駆使して、信長と光秀の人物像を再構築し、本能寺の変の真因をさぐる。**『信長政権』改題**